老後資金枯渇

――このままではあなたは飢え死にする！

浅井 隆

第二海援隊

プロローグ

あなたの老後は一瞬にして消滅する!?

このままでは、日本の高齢者は間違いなく〝絶滅〟するだろう。というのも、新型コロナウイルスよりもっと恐ろしいものがやってくるからだ。それこそ、高齢者を襲う〝老後資金の不足〟だ。

その最大の要因は、言わずと知れた少子高齢化である。子供の数が激減する（年金・税金を納める新しい世代が増えない）中、高齢者の数だけはどんどん増えて行く。もはや、〝タネ銭〟がないのだ。年金、社会保障はもうすぐ行き詰まる。年金の額はどんどん減らされ、社会保障の質も量もどんどん貧困化する。

それだけなら、まだいい。いよいよ、国そのものが破産しそうなのだ。元々世界最悪の財政状況だったこの国は、新型コロナ対策のためのばら撒きで一挙に借金が増え、断末魔の様相を呈している。おそらく、二〇二六年頃に完璧に破綻し、ハイパーインフレと預金の引き出し制限が起こるだろう。

そうなったら、あなたの預金の価値は大きく減り、最悪紙キレと化してしまう。しかも、国も歳出を削らざるを得なくなり、年金・社会保障の大幅カットという空前絶後の事態がやってくる。そうなったら、あなたの老後は一瞬にして消滅する。そして、老後資金も枯渇する。

これは、幻想でも作り話でもない。ほぼ確実に起こる、近い未来の現実だ。

新型コロナ前に政府が発表した、「老後資金二〇〇〇万円不足問題」という話があったが、実際はそんなものではすみそうにない。国が破産すれば、預貯金は現在の価値の五分の一以下となり、しかも月二〇万円しか下ろせないという引き出し制限がかけられるだろう。さらに貰える年金は半分以下となり、社会保障の自己負担額は二倍、三倍となる。そうなれば、ほとんどの高齢者の生活は立ち行かなくなり、この世の地獄がやってくる。実際、三〇年前に国家破産したロシアでは年間七〇〇〇%というハイパーインフレが襲ってきて老人たちの生活はどん底に突き落とされ、絶望の果てに無数の老人が首を吊って自殺した。本書を読んでいるあなたにだけは、そうなってほしくない。

そこで本書では、後半部分にそうした時代にも生き残ることができる、〝秘伝〟を掲載したので熟読してほしい。そして、そこに書いてあることを必死に実行してほしい。現実に、今から七〇年前の太平洋戦争敗戦直後に国家破産が国民に襲いかかってきて、「預金封鎖」「新円切換」「財産税」「ハイパーインフレ」で高齢者の生活は破綻したのだった。

これからの二、三年は、そうした事態に備えるための最後のチャンスの時である。この大切な時間を使って、できる限りの備えをしていただきたい。なお、そうした対策実行のための貴重な情報源については、巻末の二一八ページのお知らせに掲載してあるので、ぜひそれも見ていただきたい。

では、皆さんの老後が本書によって光輝くものになることを祈ってプロローグをしめたい。

二〇二一年一〇月吉日

浅井　隆

老後資金枯渇――――目次

第三章 インフレの次に国家破産がやってきて、資産はさらに五分の一に！

第四章　社会保障は一〇年後に壊滅
——介護、医療、年金はどうなる

第五章　老後資金を五倍に殖やして生き残る㊙対策

エピローグ

※注　本書では一米ドル＝一一〇円で計算しました。

第一章

もうすぐ（二〇二二―二〇二三年）インフレがやってきて、あなたの資産は二分の一に

デフレの危険は去り、リスクは明らかに逆方向に傾斜している。
どの程度の高インフレがどれぐらいの期間続くかについては、議論の余地がある。
しかし、大変化が起きたということについては、
私自身はほぼ疑いの余地がないと考えている。
（ロジャー・ブートル　エコノミスト、キャピタル・エコノミクスの創業者）

現金はゴミに⁉　インフレ到来で蝕まれる通貨の価値

「ほとんどの人は、自身の資産価値の上昇や下落の変動ばかりを憂慮していますが、国内通貨の価値の動きには目を向けていません。一度、考えてみてください」――二〇二一年七月一三日、世界最大規模のヘッジファンドを率いるレイ・ダリオ氏は自身の「Twitter（ツイッター）でフォロワーにこう問いかけた。

ダリオ氏が設立したブリッジウォーター・アソシエーツ社は世界最大規模の運用額（約一四兆円）を誇る著名なヘッジファンドで、その発言は常に市場の注目の的となっている。同氏はこれから出版が予定されている自身の著書「The Changing World Order」（仮訳：変わり行く世界秩序）を紹介するブログで「多くの通貨は本質的な価値を持たず富とは違う」とし、「中央銀行による紙幣の増刷自体は必ずしも悪いことではないが、中銀は最終的に通貨を切り下げるので大半の通貨が破壊される」（ブルームバーグ二〇二〇年四月二四日付）との見方を示した。

ダリオ氏は、自身のツイッターでこうも問いかけている――「あなたが所有する株やその他資産の価値の変動と同様に、国内通貨の価値の下落を懸念していますか。多くの人がそうであるように、あなたも自国の通貨リスクをほとんど認識していないため、認識する必要があります」。

ダリオ氏の言葉を借りると、これからの時代は「現金はゴミ」となるということだ。極端な主張ではあるものの、「現在の形での中央銀行はいずれ時代遅れになり、現代金融論（ＭＭＴ）のような別の仕組みに取って代わられるのは不可避』」（ブルームバーグ二〇一九年五月三日付）というのがその主張の根拠だ。私も大筋では彼の意見に賛成している。日本を筆頭に、先進国の金融緩和政策に〝出口〟がない点を考慮すれば、いずれかの時点で現金が本当にゴミ（紙クズ）になるリスクは少なからず存在していると考えなければならない。たとえ紙クズ化は免れたとしても、およそ四〇年ぶりに世界をインフレが席巻することになれば、通貨価値の減退に苦しむ国が多く出てくるだろう。

過去四〇年における世界経済の大きなトレンドは、「デフレ」（物価の下落）、「ディスインフレ」（物価が上がらない状態）、そしてそれに伴う「金利の低下」であったが、いよいよトレンドの転換が迫っている可能性が高い。その理由は後述する。

仮に、世界経済の大きなトレンドが「インフレ」（物価の上昇）で、それに伴う「金利の上昇」に変化するとなると、多くの国で「不都合な真実」が露呈する可能性が高い。その「不都合な真実」とは、「金利上昇への耐性がなかった」ということが判明することだ。どういうことかと言うと、過去四〇年間で世界中の国々が債務を危険なレベルまで積み上げてしまっている。今回のコロナ禍は、そこに追い打ちをかけた。

野村証券のチーフ金利ストラテジストである中島武信氏は世界中の多くで「利上げに耐えられない社会になった」（ロイター二〇二一年八月三〇日付）と指摘する。デフレ（金利低下）は債務者の返済を軽減するため、デフレがトレンドであった間は特に債務問題が噴出することはなかった。この間、ギリシャなど債務危機に見舞われた国もあるものの、あくまでも少数派であったと言える。しかし、トレンドがインフレとなれば話は別だ。順当に金利が上昇すれば債務危機に直面する国が続出するだろう。

たとえば、英ロンドンを拠点とする国際金融グループのバークレイズは、最近の調査レポート「エクイティ・ギルト」（二〇二一年五月二五日付）で「世界的な金利の底打ちで、これからは各国にとって多額の借り入れを抱えることがより重大な意味を持ってくる」（ロイター二〇二一年五月二五日付）と警鐘を鳴らした。

スイス国立銀行（中央銀行）も、金利が上昇した場合の陰鬱なシナリオを公表している。同銀のフリッツ・ツアブリュック副総裁は、二〇二一年八月三一日に行なわれた講演で「世界的な低金利環境は今後しばらくの間、変わらないと予想される」（ロイター二〇二一年八月三一日付）と指摘した上でスイスでは住宅ローン債務の対国内総生産（ＧＤＰ）比が一五〇％と異常に高く、住宅不動産市場は現時点で非常に脆弱であると警告。住宅用投資物件向けに新たに融資された住宅ローンのうち、金利が三％に上昇した場合には二〇―三〇％が四％に上昇した場合には約四〇％がデフォルト（債務不履行）となる見込みで、金利が急上昇した場合、銀行システムがかなりの損失を被る可能性があるとした。

スイスはあくまでも一例であり、ＩＩＦ（国際金融協会）によると全世界の総債務残高（政府、企業、家計、金融の合計）のＧＤＰ（国内総生産）比は、二〇二一年三月末時点で三六〇％を上回っている。

中でもひどいのが日本だ。ＩＩＦによると、二〇二一年三月末時点の日本の債務残高（対ＧＤＰ比）は、家計セクターが六三・二％、金融を除く企業セクターが一一四・四％、金融セクターが一八九・九％、政府セクターが二五一・四％となっており、これらを合計した総債務残高の対ＧＤＰ比は六一八・九％と、世界最悪となっている。言い方を変えると、〝金利上昇への耐性が最もない〟部類に入るということだ。

金利上昇への耐性がないということは、仮にインフレが席巻しても利上げによるインフレ退治が難しいことの裏返しであり、単純な話、中央銀行はインフレを放置（使命である物価の安定を放棄）せざるを得なくなるということである。こうした状態に追い込まれた国は古今東西あるが、最終的に通貨の価値が犠牲となることがほとんどだ。

私は、日本の債務残高が先進国の中でも群を抜いて多いことを理由に、日本円の将来をとても悲観的に見ている。早ければ、二〇二〇年代の後半にもドル／円レートが一ドル＝二四〇〜三六〇円のレンジに突入してしまうというのが、私の率直な見立てだ。

バブル崩壊後の日本経済は長期のデフレであったため、「インフレ到来」と聞いても実感に乏しいことだろう。しかし世界に目を向けると、およそ四〇年ぶりのインフレ到来が現実味を帯びている。それが日本にも波及する可能性は、十分にある。

「信じられないほど大量のマネーが印刷されたことを考えれば、来年の世界的な通貨値下がりは相当大規模になるだろう」（ブルームバーグ二〇二一年八月三〇日付）——アメリカの著名投資家マーク・モビアス氏はこう警鐘を鳴らした。

同氏は、ポートフォリオの一〇％は金《きん》で保有するよう勧めている。

過去三〇年間で二分の一に減価した米ドル

事実上、日本を筆頭としてほとんどの先進国では、中央銀行の金融政策に出口が存在しない。これは、「これからの時代は通貨の購買力の行く末を案じなければならない」ということを意味している。

本章冒頭のレイ・ダリオ氏の警告は、「仮に持っている株が二倍になったとしても、通貨の価値が三分の一になったりすれば元も子もない」というものだ。こういう感覚は、とりわけインフレなど異次元の世界の話だと〝なめ切っている〟私たち日本人にこそ必要となる。

そこで、「通貨の購買力」に関する話をしておきたい。通貨の購買力とは、「その国の通貨で獲得できる商品やサービスを数値化したもの」である。皆さんのお財布に入っている「一万円札」の額面は、一万円で変わることはない。しかし普段はあまり意識することはないが、物価の動向によってこの一万円の購買力は変化する。

どういうことかというと、たとえば本日時点では一万円で買える腕時計があったとしよう。一年後、もしまったく同じ腕時計が二万円に値上がりしたとしたら、一万円札の購買力はこの腕時計に対して一年間で半分に減ったということだ。すなわち、インフレ（物価上昇）は通貨の購買力を弱める。

デフレ（物価下落）は、その逆だ。本日時点は一万円で買える腕時計が一年後に五〇〇〇円に値下がりしていたとしたら、通貨の購買力が腕時計に対して二倍に高まったということになる。

前述したように、バブル崩壊後の日本経済はおおむね長期のデフレトレンドにあった。物価が横ばい、もしくは下がり続けてきたということは、裏を返すと日本円の購買力が高まってきたということである。

日本人が貯金を好むのは知られた話だが、バブル崩壊以降の三〇年間はこれがある意味で正解であった。通貨の購買力が高まるデフレにおいては、「貯金」

は正解の一つとされている。

しかし、インフレ到来となるとそういうわけには行かない。インフレでは通貨の購買力が減退して行くため、貯蓄が不正解の行動となってしまうのだ。仮に、数％程度のインフレであっても、思いのほか通貨の購買力は目減りする。

日本のデフレほどではないが、過去三〇年間の世界経済はディスインフレ（物価が上がらない）がトレンドであった。たとえば、アメリカの過去三〇年間のインフレ率（年間）の平均は二・三％程度だったが、この程度のインフレであっても何にも投資されなかったドルの購買力は、約半分にまで低下している。

では、この間に多くのアメリカ人が貧しくなったかというと、実はそうではない。なぜなら、アメリカでは給与が上がり続けたからである。要は、「物価も上がった（通貨の価値は下がった）けど、それ以上に給与も上がった」というわけだ。この図式が成り立つ限り、主に現役世代にとってインフレは大した問題とはならない。

ただし、稼いだお金をただ銀行に預金しておくのは、なるべくなら避けるべきであろう。インフレにおける、通貨の購買力低下を座視すべきではない。やはり、何かに投資する必要がある。過去三〇年間のアメリカを例にすると、その答えの一つは「株」であった。

過去三〇年間、米国株、米国以外の先進国株、新興市場国株は軒並みインフレ（物価上昇）率を加味した実質リターンがプラスとなっている。インフレ調整後で見ると、一九九一年にS＆P総合500種指数に一ドルを投資したとすると、二〇二一年には一二ドルあまりとなった。つまり、インフレの影響を加味した上で購買力が一二倍になったということである。

デフレ下の日本では、単に貯金するだけで購買力が維持されてきたが、こうした状態がこれから先も続くかというと極めて危うい。

繰り返しになるが、世界ではおよそ四〇年ぶりのインフレが現実味を帯びている。それが日本にも波及しない保証はない。やはり、日本人にも投資が必須の時代が迫ってきていると考えた方がよいだろう。

史上最大のばら撒きによって、いよいよインフレがやってくる!!

ところで、なぜ世界ではインフレの到来が予想されているのか？　本項ではその理由について簡単に解説したい。

まず、大きく分けてその理由は二つある。一つ目は、コロナ禍に端を発した世界的な「ばら撒き」。二つ目は、アメリカの「金利サイクル」にある。

まずは世界的な「ばら撒き」からだが、この話の主役もアメリカだ。そのアメリカではジョー・バイデン政権の下、過去二〇〇年で類を見ないほどの刺激策が講じられており、景気を極端なまでに過熱させると見られている。それが世界的に波及するのではないか、という見立てだ。

アメリカ政府はＦＲＢ（米連邦準備制度理事会）の実質的なサポートを受けて、現在進行形で大規模な財政出動を実施している。ドナルド・トランプ大統領が退任するまでに約三兆八〇〇〇億ドル、さらにはバイデン大統領が六・四兆ドル規模の財政出動を実施する見込みだ。これはバイデン氏が二〇二一年三月に成立させた追加経済対策に、足元（本稿執筆時点）で協議中のインフラ計画と育児・医療支援政策を加えた合計額である。

その額はアメリカのGDP（国内総生産）の三割に達し、一九三〇年代の大恐慌の際に当時のフランクリン・ルーズベルト大統領が実施したニューディール政策（対GDP比で約四割）と並ぶ規模だ。ちなみに、バイデン大統領は二〇二二年も六兆ドル規模の予算を成立させようと目論んでいる。これが現実となれば、まさに「過去二〇〇年で最大の刺激策」というわけだ。

FRBも低金利政策によって実質的に政府をサポートしている。その結果、FRBのバランスシートは二〇二〇年三月～二〇二一年八月末までに二倍以上にまで膨れ上がり、残高は八・三兆ドルを突破した。これが最終的に、九兆ドルまで拡大すると見込まれる。

これらの刺激策により、アメリカのM2（現金や預金に代表される広範なマネーサプライの指標）は二〇二〇～二一年にかけて、かつてないほど大規模な

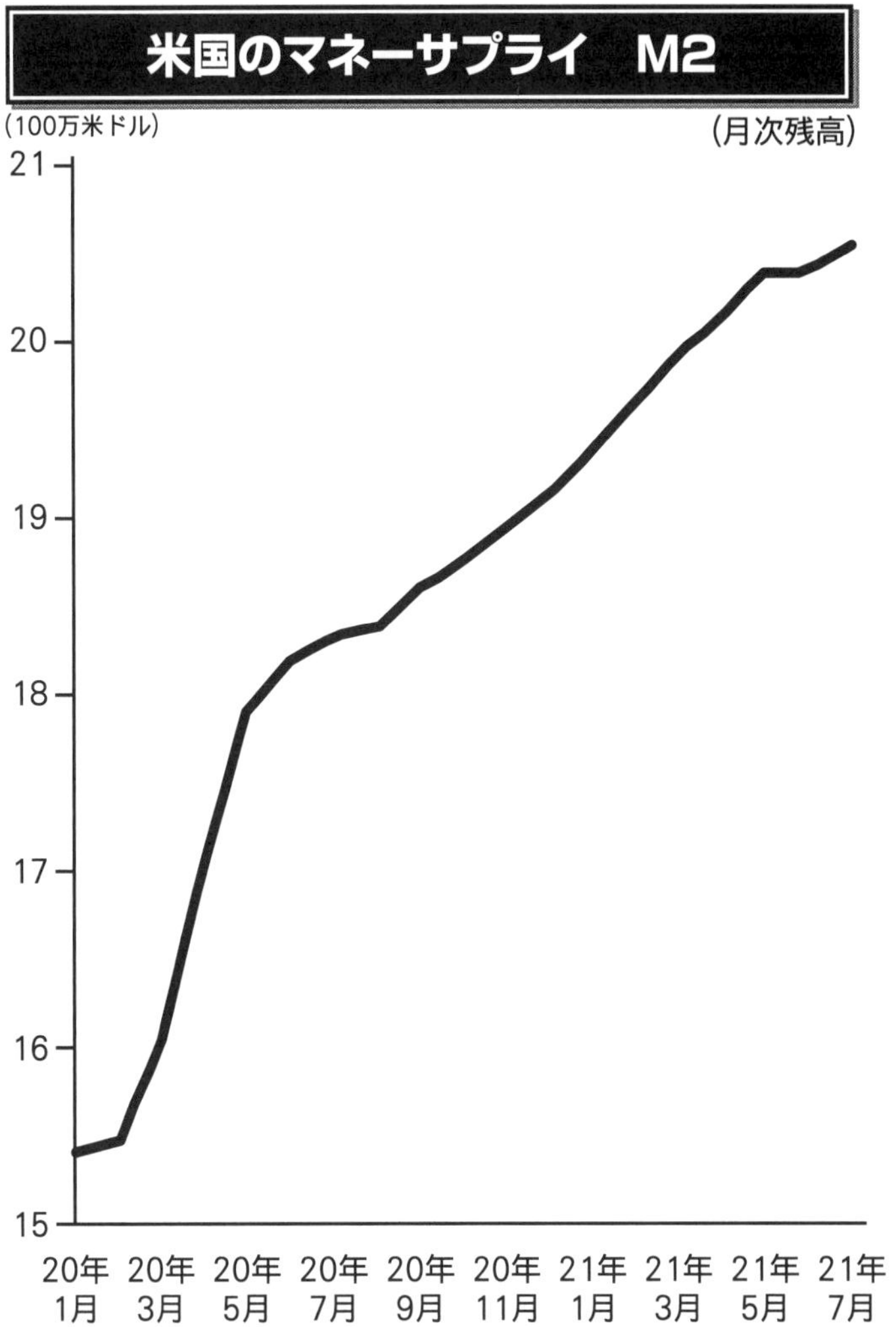
米国のマネーサプライ　M2
（100万米ドル）
（月次残高）
21
20
19
18
17
16
15
20年 1月
20年 3月
20年 5月
20年 7月
20年 9月
20年 11月
21年 1月
21年 3月
21年 5月
21年 7月
CDCデータのデータを基に作成

増加を記録した。二〇二一年末時点のM2残高は二〇兆五三四六億ドル。二五ページのチャートを見ると、二〇二〇年三月以降にアメリカのM2が激増していることがわかる。

次に二七ページのチャートをご覧いただきたい。これはアメリカの第二次世界大戦からのM2とインフレ率のチャートなのだが、M2が大きな伸びを示した際は往々にして時間差でインフレ率も上昇していることがわかる。

アメリカのM2は、一九六〇～七〇年代にも大きな伸びを示しているが、その当時は深刻なスタグフレーション（不景気な状態での物価上昇）がアメリカを襲った。当時のアメリカは、ベトナム戦争やリンドン・ジョンソン大統領の「偉大なる社会」計画に対して米政府が巨額支出を行なっていた頃で、アーサー・バーンズ議長（当時）が率いるFRBも実質的に政府に従属し、FRB職員の抗議を無視する形で低金利を続け、その結果マネーサプライが著しい伸びを示したのである。そして、一九七〇年代にはインフレが定着した。

ちなみに、今回のM2の伸びは一九六〇年代や一九七〇年代のそれの二倍以

米年間マネーサプライ伸び率vsインフレ率

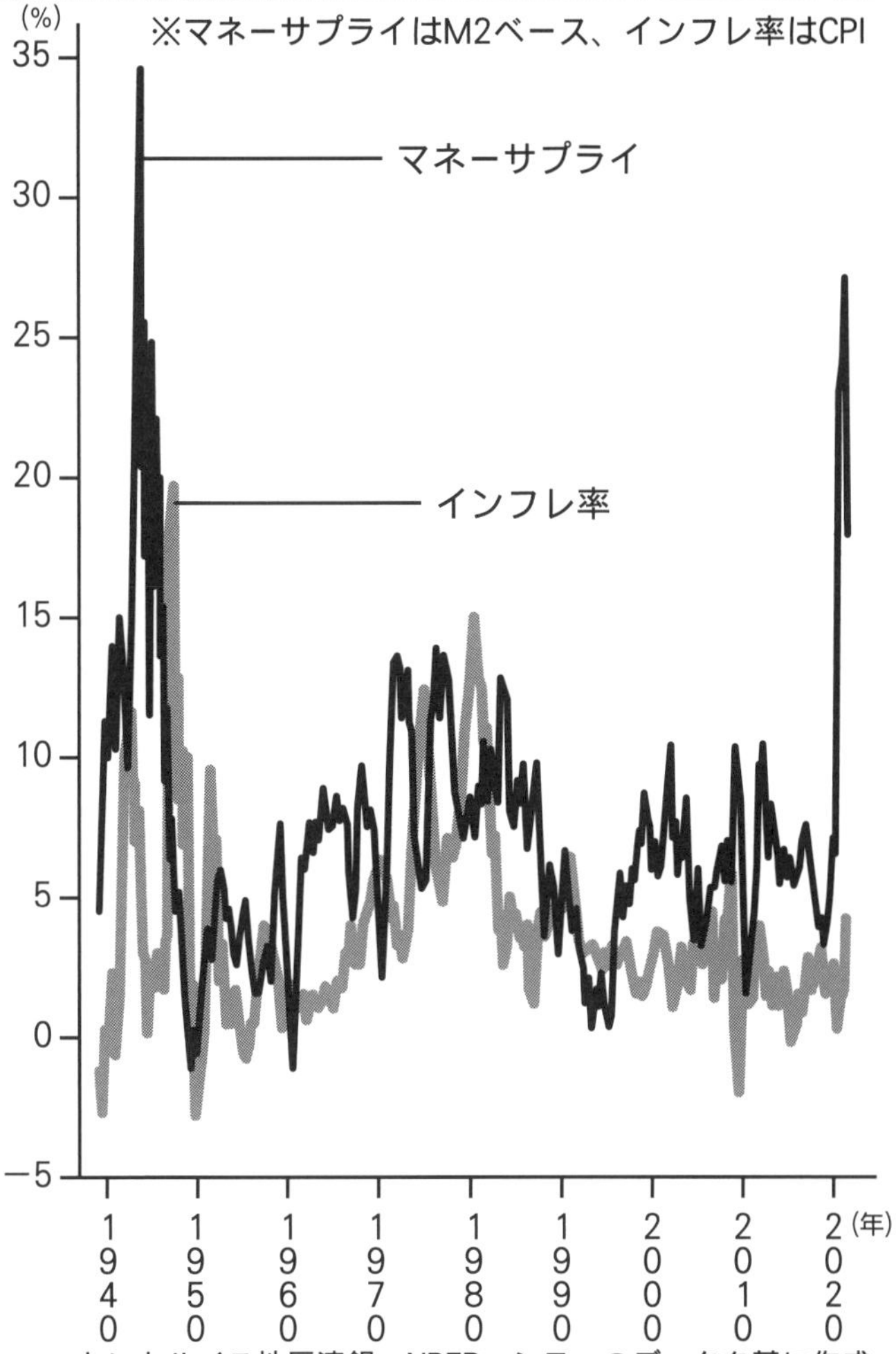

セントルイス地区連銀、NBER、シティのデータを基に作成

上となっている。こうした状況で、将来的なインフレに思いを馳せない方がおかしい。今までがディスインフレだったからそれが今後も続くという分析もあるが特に大した根拠もなく、こうした言説は疑ってかかる必要がある。事実、一九七〇年代のインフレもその前段階ではインフレ率が低空飛行を続けていた。

一九六五年当時、米国では前年の選挙で勝利したジョンソン大統領が人種的不公平の是正と一段と公正でより良き経済・社会の実現を約束し、マーティン連邦準備制度理事会（ＦＲＢ）議長は前年の金融政策運営に満足感を表明していた。インフレ率は過去何年にもわたり二％を下回ってきたが、景気拡大ペースは急加速し、同年はその後の狂乱物価の幕開けを告げる年となった。そして二〇二一年、再び景気過熱をもたらすような多額の財政支出と超緩和的な金融政策運営の下で、五六年前と同様の物価上昇トレンドが始まろうとしているのではないかと、専門家の一部は懸念している。

（ブルームバーグ二〇二一年五月一九日付）

将来的なインフレを示唆しているのは、刺激策だけではない。金利の長期サイクルも、インフレ到来を暗示している。

まずは三一ページのチャートをご覧いただきたい。「世界の金利」と言われるアメリカの長期金利は、四〇年間を軸に大きく上下を繰り返していることがわかる。この先もアメリカの長期金利が〝四〇年サイクル〟を繰り返すとは限らないが、二〇二一年は金利の大底圏に位置している可能性は極めて高い。コロナショックの最中の二〇二〇年三月九日に米国債（一〇年物）の利回りは「〇・四〇三％」を付けたが、この数字はやがて経済の教科書に記載されることになるだろう。今回の金利サイクルの〝大底〟としてだ。

私が懇意にしているカギ足アナリストの川上明氏も、「今が金利の大底」という分析に同意する。川上氏は「この先に三番底が待っている可能性もなくはないが、大した問題ではない。今の私たちが（金利の）長期サイクルの大底圏にいることはまず間違いないだろう」とのコメントを寄せてくれた。ちなみに、私は「〇・四〇三％」が大底で、四〇年も続いた米国債の強気相場が一晩で終わることはないにしろ、趨勢的な上昇トレンドに入ったと考えている。

過去四〇年のデフレで、日本人を筆頭に「金利は下がるもの」という考え方が染み付いた。インフレの到来は、その常識を完全に覆す。そのインパクトを過小評価すべきではない。

前述したように、世界の主要国はすでに金利上昇への耐性を失っている。残念ながら、最も危うい部類に入るのが日本だ。それゆえ、私は日本円が大きく切り下がるのは時間の問題だと見ている。貯蓄が正解だったという日々は、過去のものとなるはずだ。日本円の購買力が、現状から二分の一や三分の一まで減退してしまうことだって考えられる。

そうしたケースでは、仮に株に投資したとしても「焼け石に水」かもしれない。歴史を振り返ると、財政ファイナンスや通貨価値の下落に起因した「悪いインフレ」が起こった際は、大抵の場合でインフレ率が株の上昇率を上回って

アメリカの長期金利サイクル

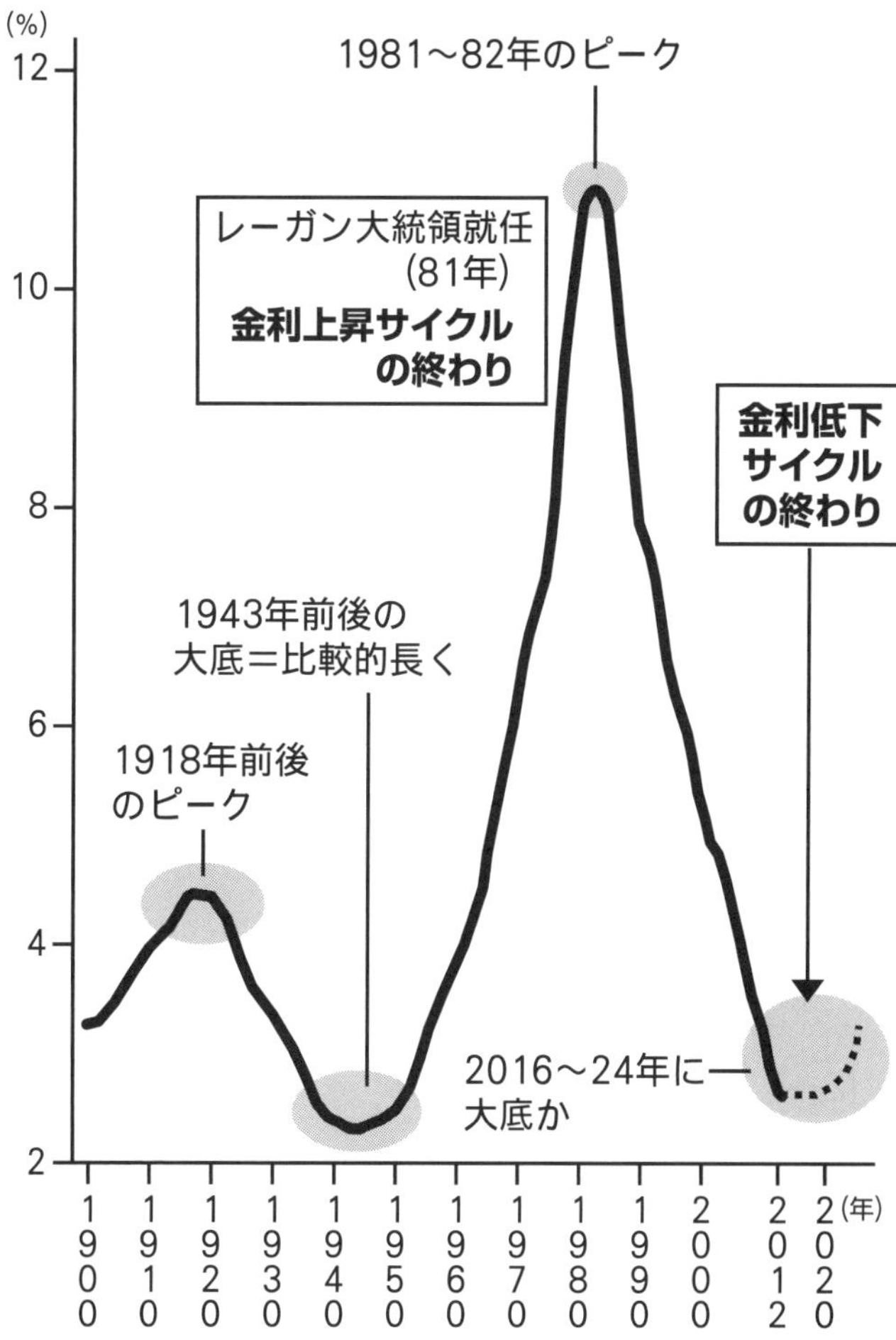

イェール大学ロバート・シラー教授、
三菱ＵＦＪモルガン・スタンレー証券のデータを基に作成

しまう。かつてのイスラエルでもそうしたことが起きた。

そう、決して株も万能ではない。不動産についても同じことが言える。では、どうするか。やはり「金《きん》」、「ダイヤモンド」などの「コモディティ」（商品）、さらには「外貨建て資産」などに分散して購買力の維持を図ることが必要になる。一九八五年のプラザ合意からおよそ四〇年間は、長期の円高トレンドであった。この間、日本人はおおよそ外貨建て資産への投資で（為替リスクの観点から）辛酸を舐めてきたこともあり、「海外」を嫌う人が少なくない。しかし、これからは「すべて円で持つ」ことこそがリスクとなるだろう。トレンドが大転換する際は、頭の切り換えも必要だ。コトが始まってからでは遅い。

二〇〇七年の米サブプライム・バブル崩壊で巨額のリターンを得たことで知られる米ヘイマン・キャピタルマネジメントのヘッジファンド・マネージャー、カイル・バス氏は、かつて「今、最も大きなバブルは日本円の購買力だ」と言ってのけた。同氏は「日本円が（米ドルに対して）五〇〇円になることはないかもしれないが、想定以上に急落することはあり得る」とし、「一ドル＝三五〇円になって債務がなくなった時に、日本は買いだ」という考えを披露している。日本の政府債務残高や出口のない金融政策を勘案すると、残念ながらバス氏が言っていることは正しいと断じざるを得ない。言い方を変えると、日本人もいよいよ円の購買力を意識しなくてはならない時代を迎えようとしているのだ。

訪日外国人が驚がく「ニッポン、ベリーチープ‼」

実質実効レートよりもわかりやすい指標として、英エコノミスト誌が半年ごとに更新している「ビッグマック平価」がある。これはビッグマックの価格が内外で同じになるような為替相場のことであり、それをドル／円相場についてみると、最近は六九円となっている。実際の円はそれより四割近くも安いのだから、米国人は日本のビッグマックをさぞかし安いと感じるだろう。

（ロイター二〇二一年八月一〇日付）

みずほリサーチ&テクノロジーズのエグゼクティブエコノミストである門間一夫氏は「円安の長期化を喜べない本当の理由」と題したロイターへの寄稿で、日本円が置かれている現状をこのように説明した。

ここ数年、多くの市場関係者から「日本円があまりにも安過ぎる」との指摘がなされている。市場関係者だけではない。とりわけ、二〇一三年に始まったアベノミクス以降に日本に訪れた外国人観光客の多くがこう感じたことだろう──「日本は、何でこんなにモノが安いんだ‼」。少し前に『安いニッポン「価格」が示す停滞』(中藤玲著　日本経済新聞出版刊)がベストセラーとなったが、ここに書かれているのは最近の日本のモノやサービスが諸外国と比べていかに安くなっているかということである。私も一読して驚がくした。

日本国内にいると、店やモノ(サービス)の違いによる価格差を意識することはあっても、海外と比較して物価が安いか高いかを意識することはまずない。しかし、今の日本は諸外国に比べてとても物価が安い国となっている。〝とても〟だ。これは、日本円が対外競争力を失っていることを意味し、よりわかり

世界各国の平均的ランチ代

アメリカ（ニューヨーク）
1,650円（約15ドル）

中国（上海）
1,020円（約60元）

日本
649円（新生銀行調べ）

ワールドビジネスサテライトのデータを基に作成

やすく言うと「日本人が海外を旅行すると、現地のサービスやモノがとても高いと感じる」という具合になる。

私たちが普段からニュースなどで目にする為替は「名目レート」と呼ばれるもので、この名目レートを見る限りではそこまで円安が進んでいるとは思えない。本稿執筆時点では、一ドル＝一一〇円くらいで推移している。ところが、ある指標を使うと日本円の購買力は一九七〇年代、名目レートで一ドル＝二〇〇円台だった頃と同じ水準にまで低くなっているということがわかるのだ。

その指標とは、「実質実効レート」や「ビッグマック指数」などとして知られている。これらは、いずれも通貨の対外的な競争力を測る指標として重宝されているものだ。

まずは、「ビッグマック指数」から簡単に説明しよう。これは、各国のマクドナルドで販売されているビッグマック一個の価格を比較することで各国の経済力を測ろうという仮説だ。具体的には、アメリカのビッグマック価格を基準として、「同じ製品なら同じ価格であるはず」ということを前提に、「他国の価格

日・米・中のビッグマックの価格

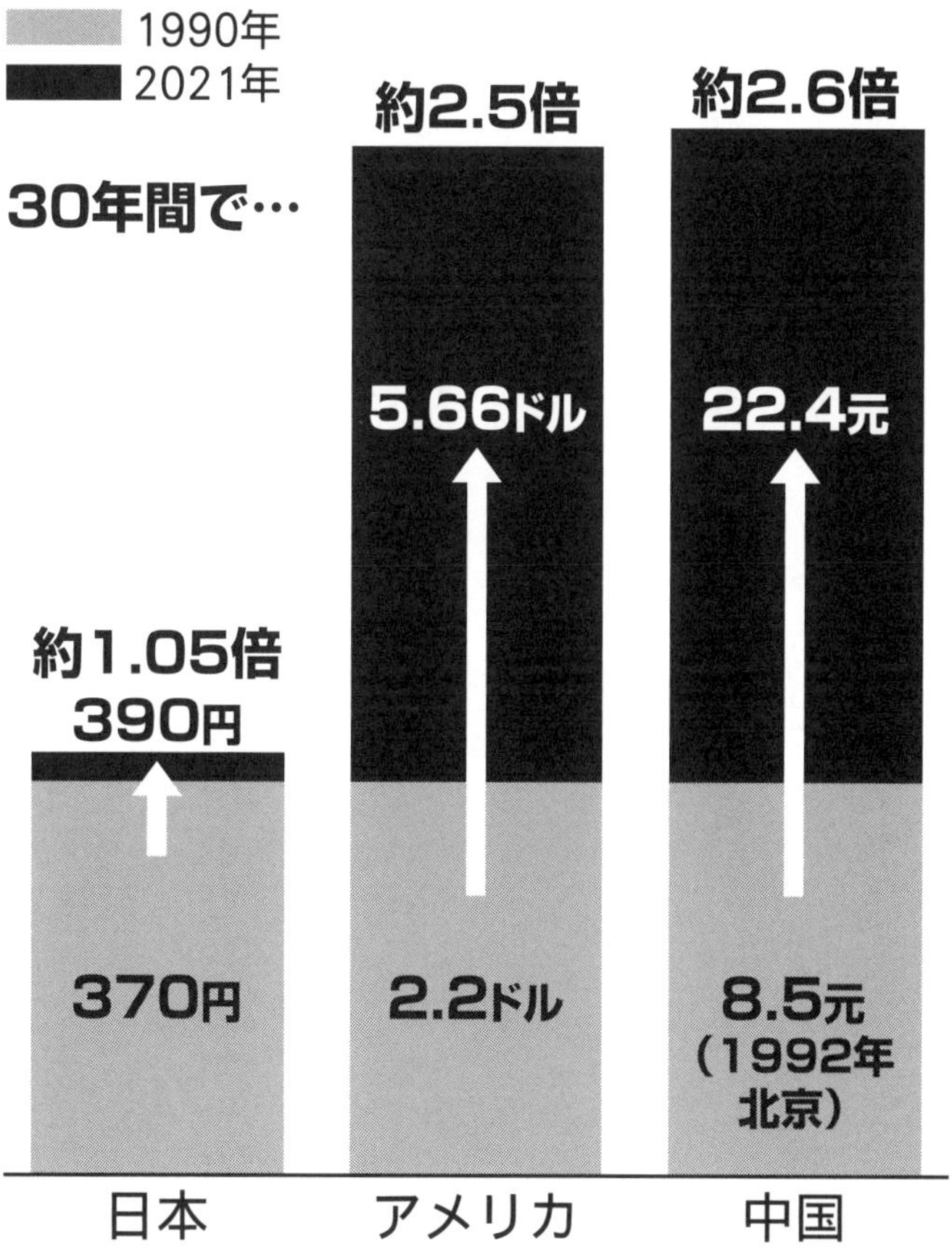

ワールドビジネスサテライトのデータを基に作成

÷アメリカの価格」という計算式で他国の物価や為替を測る。

ビッグマック指数の算出元である英エコノミスト誌によると、直近（二〇二一年七月時点）の日本におけるビッグマックの価格は「三九〇円」。一方、アメリカでは「五・六五ドル」となっている。先ほどの計算式を用いると、日本のビッグマック指数は「三九〇円÷五・六五ドル」＝「約六九円」になる。

すなわち「同じ製品なら同じ価格であるはず」ということを前提とした世界であれば、日本の為替レートは一ドル＝六九円に収斂《しゅうれん》して行くと考えられる。

しかし、現実の世界では「同じ製品なら同じ価格であるはず」という前提が成立しないことがしばしばだ。それは、様々な条件があるからなのだが（ここでは省略する）、結果として同じビッグマック一個でもアメリカを基準として割高な国と割安な国が出てくる。もちろん、日本は割安な国の方だ。アメリカのビッグマック価格を直近の為替レート（名目）で円換算すると「六二一円」だが、前述したように日本では「三九〇円」で売られている。アメリカ人は日本のビッグマックを、とても安く買うことができるというわけだ。

英エコノミスト誌は、ビッグマック指数のほかにも各国にあるスターバックスで売られているトール・ラテの価格を比較する「スターバックス指数」（トール・ラテ指数）も算出している。このトール・ラテの価格で見ても、日本はアメリカと比べてかなり割安な水準だ。

ちなみに、ビッグマック指数の対象五七ヵ国のうち、日本のランキングは三一位となっている。上位にはスイス（七七四円）、ノルウェー（六九三円）、スウェーデン（六八一円）、アメリカ（六二一円）、カナダ（五八四円）、オーストラリア（五二七円）、ニュージーランド（五二四円）といった国が並び、お隣の韓国（四四〇円）でも日本よりビッグマックの価格が高いのだ。物価が安いイメージのある中国（三八〇円）でさえ、日本とほぼ同じ価格である。

日本円の実質実効レートは、一九九〇年代をピークに下落を続け、前述したように昨今では一九七〇年代の水準まで下落した。一九九〇年代に海外旅行した人は、「外国って物価が安いなぁ」と感じたであろうが、現在は真逆の状況になっている。コロナ禍（二〇二〇年～）が明けた際に海外へ行ったら、「海外っ

ランキング

順位	国名	価格(円)	価格(米ドル)	価格(各国通貨)	ビッグマック指数
30	カタール	393	3.57	13.00(カタール・リヤル)	▲36.81
31	日本	390	3.55	390.00(円)	▲37.21
32	スリランカ	386	3.51	700.00(スリランカ・ルピー)	▲37.90
33	中国	380	3.46	22.40(人民元)	▲38.82
34	ポーランド	378	3.44	13.43(ズウォティ)	▲39.16
35	コロンビア	371	3.37	12,650.00(コロンビア・ペソ)	▲40.34
36	グアテマラ	369	3.36	26.00(ケツァル)	▲40.58
37	ペルー	359	3.26	12.90(ヌエボ・ソル)	▲42.21
38	メキシコ	349	3.18	64.00(メキシコ・ペソ)	▲43.74
39	ヨルダン	330	3.00	2.13(ヨルダン・ディナール)	▲46.83
40	ベトナム	329	3.00	69,000.00(ドン)	▲46.97
41	オマーン	328	2.99	1.15(オマーン・リアル)	▲47.14
42	ハンガリー	324	2.94	900.00(フォリント)	▲47.88
43	モルドバ	318	2.89	52.00(モルドバ・レウ)	▲48.81
44	フィリピン	310	2.82	142.00(フィリピン・ペソ)	▲50.08
45	エジプト	298	2.71	42.50(エジプト・ポンド)	▲52.00
46	香港	297	2.70	21.00(香港ドル)	▲52.18
47	台湾	282	2.57	72.00(ニュー台湾ドル)	▲54.57
48	インド	280	2.55	190.00(インド・ルピー)	▲54.93
49	ルーマニア	278	2.53	10.60(新ルーマニア・レウ)	▲55.20
50	ウクライナ	263	2.39	65.00(フリヴニャ)	▲57.74
51	マレーシア	260	2.36	9.99(リンギット)	▲58.15
52	インドネシア	257	2.34	34,000.00(インドネシア・ルピア)	▲58.55
53	トルコ	257	2.34	19.99(トルコ・リラ)	▲58.65
54	アゼルバイジャン	256	2.32	3.95(アゼルバイジャン・マナト)	▲58.85
55	南アフリカ	251	2.28	33.50(南アフリカ・ランド)	▲59.56
56	ロシア	249	2.27	169.00(ロシア・ルーブル)	▲59.87
57	レバノン	185	1.68	37,000.00(レバノン・ポンド)	▲70.23

エコノミストのデータを基に作成

世界のビッグマック価格

（2021年7月　1ドル＝109.94円で計算）

順位	国名	価格（円）	価格（米ドル）	価格（各国通貨）	ビッグマック指数
1	ベネズエラ	918	8.35	30,164,100.00（ボリバル）	＋47.73
2	スイス	774	7.04	6.50（スイス・フラン）	＋24.68
3	ノルウェー	693	6.30	57.00（ノルウェー・クローネ）	＋11.54
4	スウェーデン	681	6.20	54.00（スウェーデン・クローナ）	＋9.65
5	アメリカ	621	5.65	5.65（USドル）	0.00
6	カナダ	584	5.31	6.77（カナダ・ドル）	▲5.95
7	イスラエル	568	5.16	17.00（新シュケル）	▲8.60
8	ウルグアイ	562	5.11	225.00（ウルグアイ・ペソ）	▲9.49
9	ユーロ圏	552	5.02	4.27（ユーロ）	▲11.10
10	オーストラリア	527	4.79	6.55（オーストラリア・ドル）	▲15.17
11	ニュージーランド	524	4.76	6.90（ニュージーランド・ドル）	▲15.70
12	イギリス	522	4.75	3.49（イギリス・ポンド）	▲15.92
13	デンマーク	522	4.74	30.00（デンマーク・クローネ）	▲16.04
14	ブラジル	480	4.36	22.90（ブラジル・レアル）	▲22.78
15	シンガポール	474	4.31	5.90（シンガポール・ドル）	▲23.68
16	クウェート	457	4.16	1.25（クウェート・ディナール）	▲26.45
17	チェコ	449	4.08	89.00（チェコ・コルナ）	▲27.74
18	アラブ首長国連邦	441	4.02	14.75（UAEディルハム）	▲28.93
19	韓国	440	4.00	4,600.00（韓国ウォン）	▲29.23
20	バーレーン	437	3.98	1.50（バーレーン・ディナール）	▲29.58
21	アルゼンチン	434	3.94	380.00（アルゼンチン・ペソ）	▲30.18
22	チリ	433	3.94	2,990.00（チリ・ペソ）	▲30.30
23	タイ	429	3.90	128.00（タイ・バーツ）	▲30.95
24	コスタリカ	422	3.84	2,370.00（コスタリカ・コロン）	▲32.10
25	クロアチア	412	3.75	24.00（クーナ）	▲33.61
26	サウジアラビア	410	3.73	14.00（サウジアラビア・リヤル）	▲33.94
27	ホンジュラス	403	3.66	87.00（レンピラ）	▲35.15
28	ニカラグア	400	3.64	128.00（コルドバ・オロ）	▲35.65
29	パキスタン	396	3.60	580.00（パキスタン・ルピー）	▲3.628

て、こんなに物価が高かったっけ⁉」とびっくりするはずだ。

もちろん、まだ日本円よりも購買力が低い国もある。ビッグマック指数で言うと、たとえばベトナム、フィリピン、マレーシア、インドネシアといった東南アジア諸国は、日本よりも購買力が低い。とはいえ、東南アジアの物価も昔に比べれば日本の水準に接近してきている。

日本のリタイア組の中には、老後は物価の安いマレーシアなどで悠々自適の年金生活を送りたいと考えている方も少なくない。しかし、このまま日本円の購買力がダラダラと下がり続ければ、移住先の方が物価が高い（こんなはずじゃなかった！）なんてことが起きても不思議ではないのである。

バック・トゥ・一九七〇年代、海外旅行が高嶺の花に⁉

「このままでは、日本人がハワイに行くことは高嶺の花になる」――そんな恐ろしい予言をしている有識者がいる。

為替予測に定評のあるＪＰモルガン・チェース銀行のマネジング・ディレクター佐々木融氏だ。同氏は二〇二一年八月三一日付でロイターに寄せたコラムで長期的な視点から今後の為替を予測。「実質的な価値でみると、五〇年前から始まった円高の動きは、そこから二四年後の一九九五年に実質的な最高値をつけた。もっとも、その後の二六年間で実質的な円の価値は、五〇年前の円安水準に戻っている」とし、日米のインフレ率に格差があることから実質的な円の価値は今後も下落を続け、「最終的には、日本人にとってハワイ旅行は徐々に手が届かなくなる高額なものとなってしまう可能性が高い」と断じた。

少し難しい話になるが、この佐々木氏は「アメリカはインフレ、日本はデフレ」というトレンドが今後も続くと予想しており、そのため名目レートの為替では「円高が進む」と考えている。私たちが普段から目にする名目では円高が進み、実質的な価値は下落するという、少し頭の体操が必要な見解だ。

佐々木氏のシナリオを私たち国民の観点から考えると次のようになる。「日本人の給与は引き続き上がらないが、同時に国内の物価も下落して行くからジリ貧ながらも日本人の生活はなんとかなる。ただし、海外と比較した物価水準は今後も乖離して行くため、日本人にとって海外旅行は高嶺の花となる。反対に外国人にとって日本は安く行ける渡航先となる」といった具合だ。

ちなみに佐々木氏は「実質実効レート」（私たちが普段よく目にする名目為替レートよりも通貨の対外的競争力の実体を色濃く反映している指標。ほかの通貨との相対的な実力や物価上昇率を加味して算出される）との比較で、名目レートが一ドル＝九〇円になっても日本の割安感は解消されないと指摘する。かつては、一ドル＝九〇円と言うと相当な円高のイメージがあった。しかし前項のビッグマック指数を用いてみても、名目レートのドル／円が六九円になってはじめてアメリカと日本のビッグマックの値段が釣り合うのである。

購買力平価説（為替レートは二国間の物価上昇率の比で決定されるという説。具体的には、ある国の物価上昇率がほかの国より相対的に高い場合、その国の通貨価値は減価するため、為替レートは下落するという考え方）によると、デフレの日本の通貨である円は、インフレ通貨である米ドルなどに対して名目で

円の実質実効レートの推移

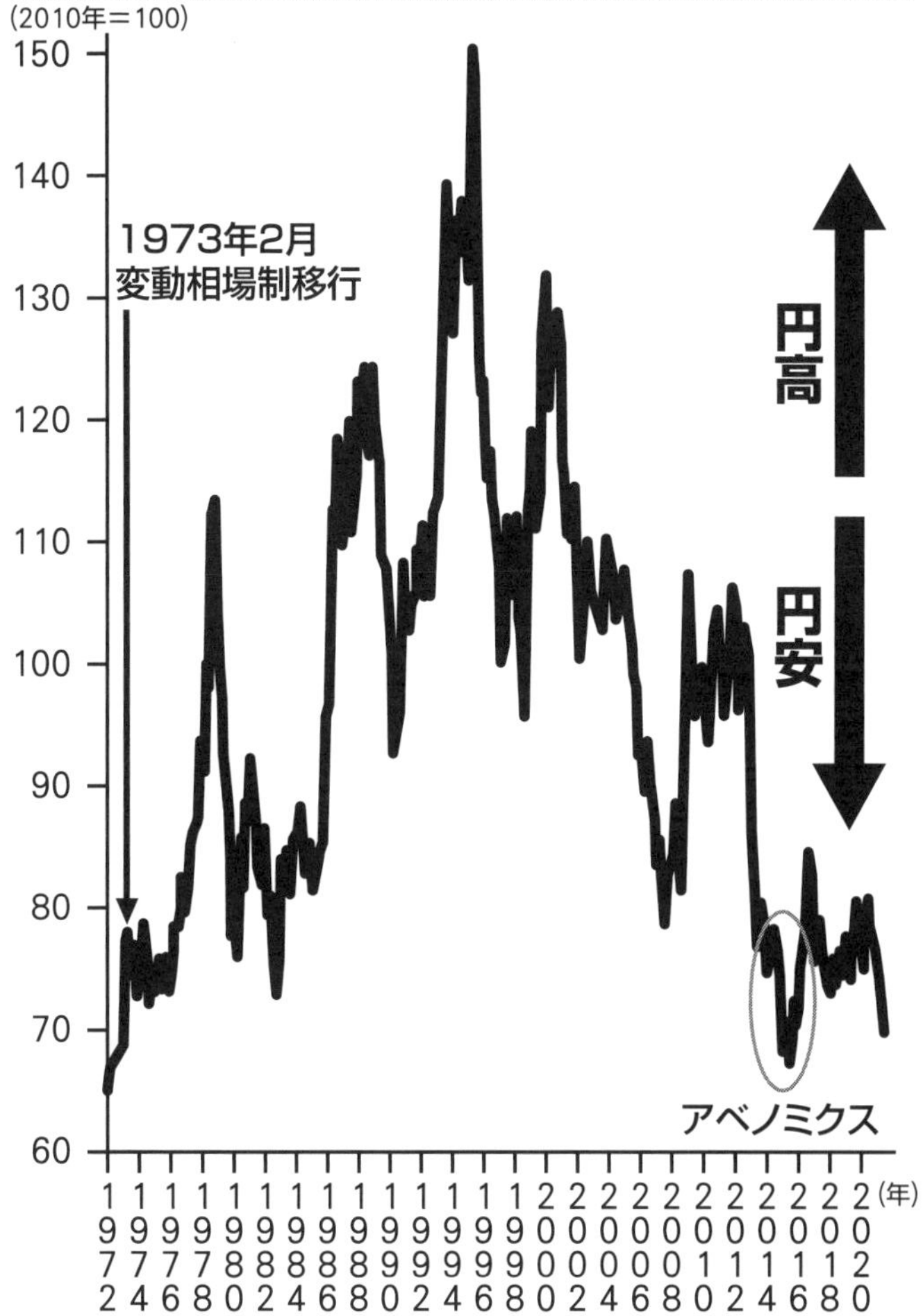

日本銀行のデータを基に作成

の価値が上昇して行くはずだ。

しかし、昨今は決してそういった展開とはなっていない。これはなぜか？多くの理由が考えられるが、一つは、外国人投資家や大手の日本企業が「日本を見限っている」可能性が挙げられる。それに加えて政府や日銀が円安を志向していることも原因だ。

四五ページのチャートを見ると明らかだが、アベノミクス以降は実質的な円安が顕著となっている。言ってしまえば、バーゲンセールの状態だ。二〇一三年のアベノミクス以降、日本にくる外国人観光客が劇的に増えたことは誰もが知るところだが、その大きな理由の一つは外国人にとって日本が「安い」ということが挙げられる。

「日本の観光資源が豊富だからだ」との反論もあるかもしれず、そしてそれを否定する気はないが、相対的に日本の物価水準より安い東南アジア諸国からのお客さんも増えていることを勘案すれば「日本の物価水準が手の届く範囲になった」という事実が彼らにとって訪日の大きな要因であることは間違いない。

ところで、私は日本円の未来予想図として、今後は実質・名目が共に下落して行くというかなり陰鬱な展開を思い描いている。日本人の給与は今後も上がらないばかりか、輸入インフレが定着して国内の物価も上昇、名目レートの下落による日本人による円売り（キャピタル・フライト）も活発化するという最悪のシナリオだ。

このシナリオの下では、海外旅行が高嶺の花になるだけではすまされず、給与が上がらない中での物価の上昇によって生活そのものが破壊される。

債務まみれの日本に金融政策の出口など存在せず、ヘリコプターマネーのような政策が導入されるのは時間の問題としか思えない。いずれかの時点で、日本円の信認が毀損《きそん》する事態に発展するだろう。本章の冒頭でもお伝えしたように、早ければ二〇二〇年代の後半にもドル／円レートが一ドル＝二四〇～三六〇円のレンジに突入してしまうというのが、私の率直な見立てだ。

仮に、ＪＰモルガンの佐々木氏が指摘する「名目で円高／実質で円安」というシナリオになったとしても、日本円の購買力が今後も下がるということに変わりはない。あなたが海外との比較で購買力を維持するには、海外で働いて外貨を獲得するか、外貨建て資産への投資が必須条件となる。

くれぐれも、「これからも堅く貯金だ」などと思わないように。日本円だけでは、ひもじくなるばかりである。

第二章

国の言っているコトはウソだらけ

――二〇〇〇万円どころではない、老後崩壊の世界

一つの嘘をつく者は、
自分がどんな重荷を背負い込むのか、めったに気がつかない。
つまり、一つの嘘をとおすために別の嘘を二〇、発明せねばならない。
（スウィフト「断片」）

世界の非常識――ばら撒くことしか考えない日本の財政

わが国には全国にわたって普及している日刊新聞、通称「全国紙」が五紙ある。『読売新聞』『朝日新聞』『日本経済新聞』『毎日新聞』『産経新聞』の五つだ。今挙げた順番は発行部数の多い順だが、これを論調別に並べてみるとどうなるか。一番左（リベラル）に位置するのが朝日と毎日。真ん中が日経。その右に読売。一番右（保守）が産経。まあ、こういう並べ方をして大方異論はないだろう。現在の自公政権へのスタンスもこの思想性を反映しており、朝日と毎日は政権が採るどんな政策に対してもほぼ批判的。日経は是々非々。読売と産経は割と好意的だ。

しかし、二〇二一年六月一八日に閣議決定された政府の経済財政運営の指針「骨太の方針」に対しては、朝日や毎日のみならず日経や産経も厳しく批判した。

まず日経だが、六月一九日付朝刊で次のような見出しを掲げた。「経済・財政

描けぬコロナ後　骨太方針、歳入の議論できず　黒字目標を年度内に再考」。経済・財政の将来像は描けず、歳入に関しては議論すらできないというのだ。もう少し、詳しく記事のリード部分を見てみよう。

政府が一八日閣議決定した経済財政運営と改革の基本方針（骨太の方針）は、新型コロナウイルスの感染拡大を機に大きく変わる経済への対応を軸に据えた。デジタルや脱炭素など世界の潮流に乗り遅れないよう政策の総動員をうたうが、一連の政策を裏付ける持続可能な財政の姿は描けていない。

（日本経済新聞二〇二一年六月一九日付）

つまり、デジタルとか脱炭素など、耳に聞こえのいい政策を「あれもやりますよ、これもやりますよ」と総花的に並べるのだが、その政策を実行するには当然、お金がかかる。そのお金をどうやって工面するかに関する話は、スルーしているということだ。だから、「持続可能な財政の姿」を描けない。「持続可能な財政の姿」を政府が描けなくて、誰が描けるというのか？　記事本文では、米欧との違いについてこのように記している。

> （前略）日本と違い、米欧では財政支出の増加と財源確保をあわせて打ち出している。米国は気候変動対策の財源を税制改革などで調達する方針。ＥＵの復興基金の財源は国境炭素税などを検討する。今回の骨太の方針では脱炭素に向け「必要な財源を確保しながら実現を徹底する」と書き込んだものの、米欧に比べれば具体の議論は乏しい。
>
> （同前）

「具体の議論は乏しい」と抑えた表現を用いているが、ここは本当のところは見出しに書かれていたように、「歳入の議論はできず」なのだ。「乏しい」ではなくて、財源の話はまったく行なわれていないのだ。書かれているのは、「必要な財源を確保」ということだけ。どうやって確保するかには、何ら触れていない。なんと無責任な政治であろう。さらに記事は、わが国の財政収支黒字化に関する自民党議員の驚くべきスタンスについて述べている。

日本の政府債務は国内総生産（ＧＤＰ）比で二五〇％を超えて先進国で突出する。政府は債務拡大を防ぐ目的で、二〇〇一年に始まった骨太の方針で国と地方の基礎的財政収支（プライマリーバランス、ＰＢ）の黒字化を目指す考えを示した。

目標の設定から二〇年、内閣府の試算では二一年度のＰＢ赤字は大規模な財政出動の影響で四〇・一兆円にまで膨らむ。逃げ水のように遠のき、一度も実現していない。

「黒字化目標にとらわれていたら世界経済の中で取り残される」。骨太の方針の原案を議論した一〇日の自民党の会合では、出席者からＰＢ黒字化の目標を明記したことに反発が相次いだ。（後略）　（同前）

基礎的財政収支（プライマリーバランス：ＰＢ）とは、税収・税外収入と国債費（国債の元本返済や利子の支払いにあてられる費用）を除いた歳出との収支のことを表す。つまり、必要な政策的経費を〝国債という借金〟に頼らずに税収などでどれだけ賄えているかを示す指標である。

「黒字化目標にとらわれていたら世界経済の中で取り残される」「ＰＢ黒字化の目標を明記したことに反発が相次いだ」――多くの自民党議員がこう訴えたというのだが、この言葉の意味を読者はおわかりだろうか？

黒字化目標にとらわれていては、歳出を抑えなくてはいけなくなる。それでは経済成長できない。だから世界経済の中で取り残される……こういう理屈なのだが、私はＰＢ黒字化、財政健全化をまったく考えない方が世界の非常識だと思う。それは、先の日経の記事にも解説があった通りだ。アメリカもヨーロッパも必要な歳出はもちろん考えるが、それと同時にどう財源を調達するかも当然考えている。それを考えない方が世界の非常識なのは明らかだ。

この点に関しては、政権に対しておおむね好意的な産経新聞も厳しく批判している。六月一九日付朝刊だ。記事見出しは「財政健全化目標、空文化　骨太方針　米の大胆政策と対照的」。これも、まずリード部分を読んでみよう。

一八日に閣議決定された政府の経済財政運営の指針「骨太の方針」は、新型コロナウイルス禍で修正が避けられない財政健全化目標を堅持しながら事実上棚上げし、緊縮財政派と積極財政派の双方の顔を立てた。場当たり的な対応は、感染拡大防止と経済回復がともに中途半端なまま目標修正にも踏み切れなかったこの一年を象徴する。客観的な経済見通しを基に大胆な財政出動と増税の両立を目指す米国とは対照的だ。

（産経新聞二〇二一年六月一九日付）

このように、産経も大胆な財政出動を行ないつつ財源として増税もしっかり考えているアメリカとの差を指摘している。繰り返すが、産経新聞は政権のやることなら何でもかんでも批判的という新聞ではない。比較的、好意的な新聞だ。その産経新聞でもこのように指摘しているのだから、わが国の財政運営はどこから見ても明らかにおかしいのだ。

本当は誰も可能だと考えていない、ポーズだけの財政黒字化

産経の記事はさらに、政府によるＰＢ黒字化目標設定自体のデタラメを指摘している。ここは非常に重要だから、しっかり読んでほしい。まず、このＰＢ黒字化目標が過去にも二回先送りされた（最初に設定された目標達成年度は二〇一一年度。それが二〇二〇年度となり、さらに二〇二五年度に先送りされた）ことに触れた上で、このように解説する。

> 前提となる内閣府の中長期試算は、物価変動の影響を除く実質国内総生産（ＧＤＰ）成長率が年率二％というバブル期並みの高成長が続く想定だが、日本の潜在的な成長率は〇％近傍にとどまる。（中略）実

現可能性が極めて薄い推計をベースに、緊縮財政派と積極財政派の論争が続く。（同前）

そもそも、いつまでにＰＢ黒字化を達成するかを試算するに当たって、バブル期並みの高成長（実質二％、名目三％を上回る）が続くことを経済前提としているのだ。記事では「実現可能性が極めて薄い推計をベースに」と書かれているが、こんな数字はこの三〇年間一度も達成できていない。はっきり言って、「あり得ない」前提で議論しているのだ。なんというバカげた議論であろうか。

その上、議論の持って行き方、落としどころも茶番だ。政府が二〇一八年に掲げた黒字化目標は、二五年度だ。それを今年（二〇二一年）の骨太の方針にも明記すれば、歳出抑制につながりかねない。それでは経済成長できず、世界経済の中で取り残される。すでに述べた通り、これが自民党内の積極財政派（これは一般的言い方で、実態は〝ばら撒き派〟と言ってよいだろう）の主張だ。

それに対して、自民党内にも財政健全化の旗を降ろすべきではないと考える真っ当な議員もいる。そこで政府が考え出したのが、二五年度の黒字化目標を明記しつつ「本年度内に、感染症の経済財政への影響の検証を行い、その検証結果を踏まえ、目標年度を再確認」（令和三年六月一八日閣議決定）すると併記する案だ。これなら、コロナの影響を検証した後には目標年度の先送りもあり得ると読み取れる。いや、読み取れるというよりも事実上先送りは決定的だ。

なぜなら、コロナ対策の歳出増と不況による税収減で二一年度のＰＢは四〇・一兆円の赤字。この状況から立て直すには、先の「あり得ない」高度成長をもってしても黒字化は二九年度にずれ込んでしまうのだ。「コロナによる経済財政への影響を検証した結果、目標年度は二九年度とする」というような筋書きは、もう目に見えている。

さらに付記すれば、「あり得る」経済前提、これを「ベースラインケース」と言うのだが、ベースラインケースの実質経済成長率は一％程度、名目経済成長率は一％台前半程度とされている（内閣府）。読者も「それくらいならあり得るかな」と思われることだろう。では、これで試算すると、ＰＢ黒字化はいつになるのか？　実は、この「あり得る」経済前提で試算すると、ＰＢ黒字化達成は、まったく見通せないのだ。「永遠に不可能」と言い換えてもよい。

しかし、まさか政府はそんなコトは言えない。だから、「あり得ない」高度成長を前提として試算して、無理やり黒字化目標年度というのを作り上げて発表する。そして、達成できないから、理屈を付けて先送りする。これを今まで繰り返してきたし、今回もコロナを言い訳に先送りする。それは、確実だ。

今のところまだ「二五年度黒字化」という旗を掲げてはいるが、財政健全化派も含めて、誰一人そんなコトが実現可能だとは本心では考えていない。いや、二五年度どころではない。次の発表の時に先送り目標年度になる可能性がある二九年度だって、それを達成するには「あり得ない」経済成長が必要なのだから、それも不可能だと言ってよい。

それでも政府はまた必ず、次のＰＢ黒字化目標年度を発表することは間違いない。「財政健全化の旗は降ろしていませんよ」というポーズだ。ポーズだけで本当にできるとは誰も思っていない（これは与野党を問わずだ）。国の言っているコトは、ウソだらけなのである。

この国は、止まらない借金膨張システムが作動してしまった

デタラメなPB黒字化目標のお話の次は、なぜわが国の財政がこんなにひどくなってしまったのかの話だ。それはズバリ、〝社会保障関係費の膨張〟だ。

六三ページのグラフは、平成二年度（一九九〇年度）と令和三年度（二〇二一年度）のわが国の一般会計の歳入歳出を比較したものだ。一九九〇年度の時は、社会保障関係費の額は一一・六兆円。歳出に占める割合も一七・五％に過ぎなかった。しかし二〇二一年度になると、金額では三倍以上となる三五・八兆円、歳出に占める割合も倍近くの三三・六％に膨らんでいる。

これはもちろん、高齢化が進んだことが圧倒的な主因だが、それだけではない。安倍政権では、「全世代型社会保障」が打ち出された。幼児教育無償化などの教育費支援など現役世帯向け給付を拡充した。これは、少子化対策とも位置

付けられているが、わが国より先に二〇一三年から幼保無償化を実現させた韓国はその後かえって出生率低下が進み、二〇二〇年の合計特殊出生率はついに〇・八四にまで落ち込んだ（二〇一五年以降下がり続け、一を割るのは三年連続。日本の方がまだマシで一・三四）。首都ソウルに至っては〇・六四という驚くべき数字であり、人口学の専門家が「もし〝ソウル〟と名付けられた人間の種がいるとしたら、絶滅の道に入ったと判断してもいいほどだ」（ニュースポストセブン二〇一九年一二月一七日付）とまで述べているほどだ。

お隣・韓国のこの惨状を見れば、幼保無償化で少子化改善――そう、上手く行くか？　と考えざるを得ないのだが、政治家はそうは考えない。多くばら撒くことが票につながる、議員のイスにつながるのだから、対策としてはばら撒くことしか考えない。これは与野党を問わない。与野党で競ってばら撒き合戦を繰り広げている。その結果が先のグラフで明らかな社会保障関係費の膨張であり、その費用を賄うための赤字国債の膨張である。

今からすると驚いてしまうが、一九九〇年度、つまり平成の初めの頃は赤字

一般会計歳入・歳出

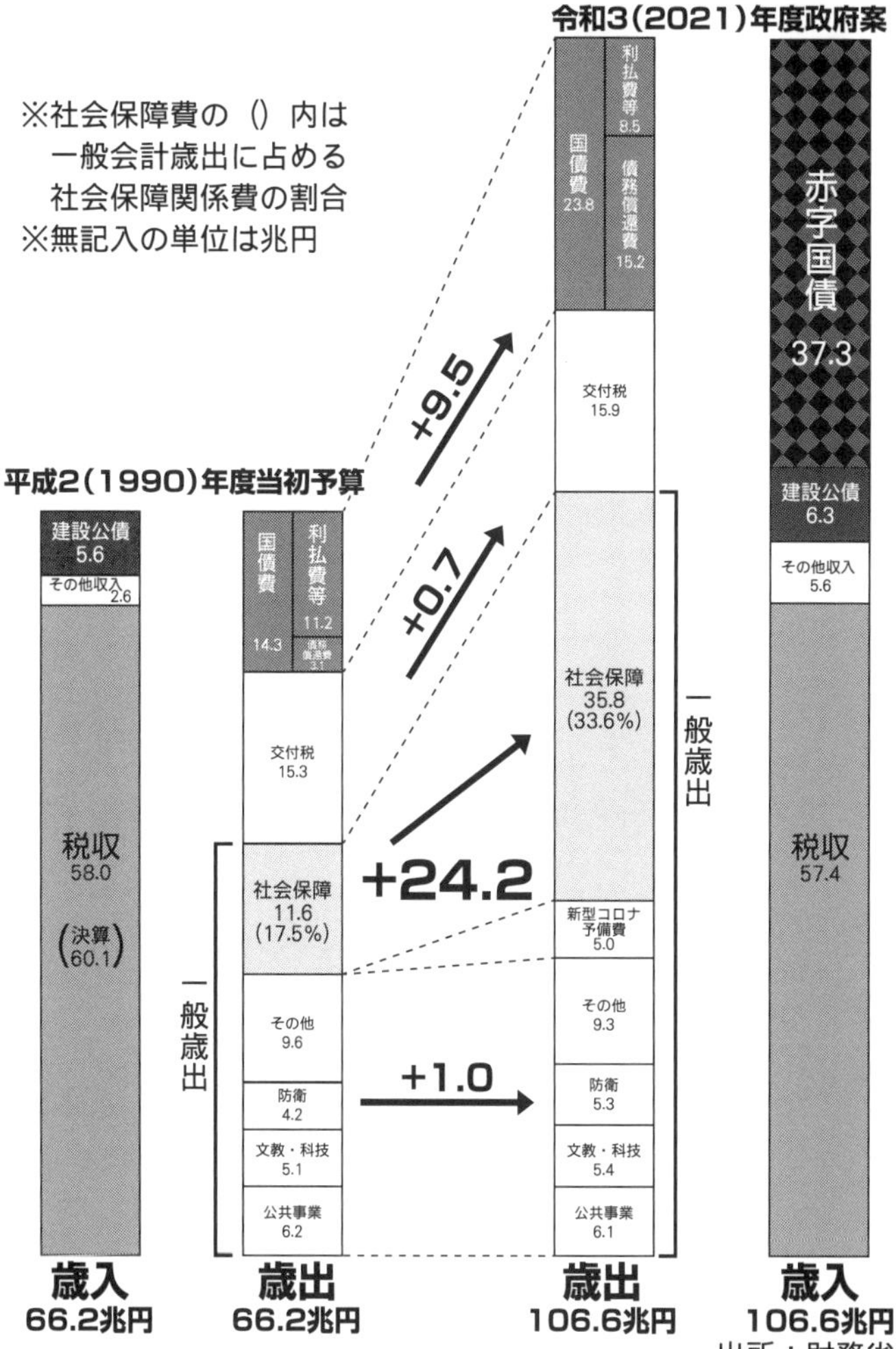
※社会保障費の（）内は
一般会計歳出に占める
社会保障関係費の割合
※無記入の単位は兆円
平成2（1990）年度当初予算
建設公債
5.6
その他収入
2.6
税収
58.0
（決算
60.1）
国債費
14.3
利払費等
11.2
債務償還費
3.1
交付税
15.3
社会保障
11.6
（17.5%）
その他
9.6
防衛
4.2
文教・科技
5.1
公共事業
6.2
一般歳出
歳入
66.2兆円
歳出
66.2兆円
+9.5
+0.7
+24.2
+1.0
令和3（2021）年度政府案
国債費
23.8
利払費等
8.5
債務償還費
15.2
交付税
15.9
社会保障
35.8
（33.6%）
新型コロナ
予備費
5.0
その他
9.3
防衛
5.3
文教・科技
5.4
公共事業
6.1
一般歳出
赤字国債
37.3
建設公債
6.3
その他収入
5.6
税収
57.4
歳出
106.6兆円
歳入
106.6兆円
出所：財務省

国債の新規発行はゼロ（！）だったのである。それが今では、三〇兆円超がすっかり定着してしまっている。社会保障関係費というのは、国民へのばら撒きシステムだ。年金にしろ医療にしろ、介護にしろ、前述の幼保無償化にしろ、制度としてシステム化されてしまうから、ひとたびばら撒きを始めてしまうともう止めることはできない。もちろん、止めてもよいのだが、そんな政策を打ち出そうという政党は与野党を問わずない。だから、社会保障関係費を賄うための毎年の借金も減らすことはできないということだ。

そして、この三〇兆円超の赤字国債は単年度の話だ。それが毎年積み上げられて行く。その積み上げられて行く借金のグラフが六五ページだ。一九九五年頃から急激に増えて行っていることが一目瞭然、おわかりいただけるであろう。このグラフをご覧になった読者は、「これは増え続けるしかないな」とお感じになったことだろう。そうなのだ。この国は、止まらない借金膨張システムが作動してしまっているのである。

普通国債残高の累増

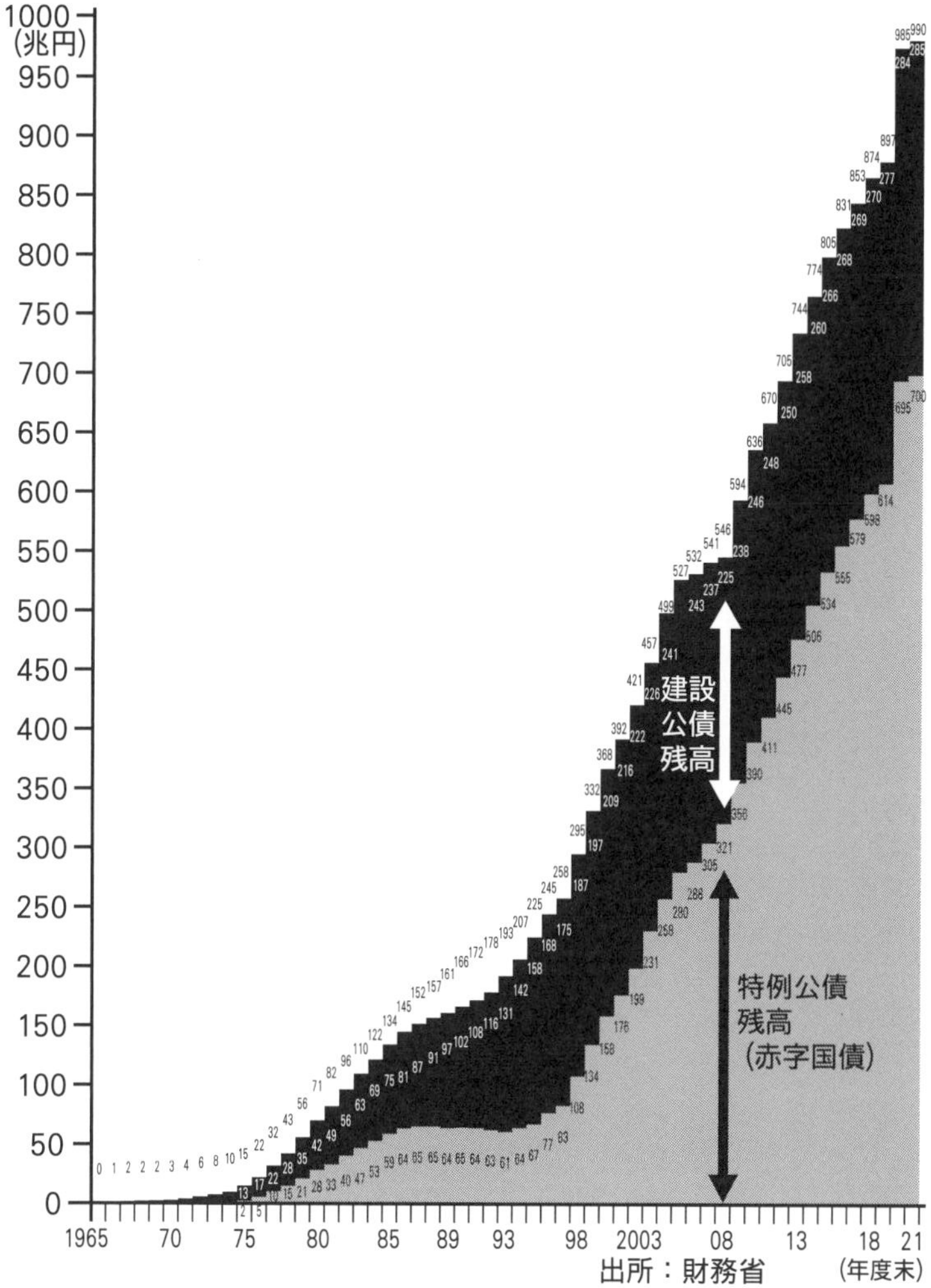

デタラメのオンパレード――「社会保障の将来見通し」

さて、わが国に借金膨張システムを作動させてしまった社会保障制度だが、果たして今後どうなるのか？　その社会保障の将来見通しを考えるにあたっても、実は到底「あり得ない」経済前提を基に試算が行なわれているのだ。

政府が二〇一八年五月二一日に公表した「二〇四〇年を見据えた社会保障の将来見通し（議論の素材）」。これは、政府が中長期的な社会保障制度改革に関する国民的議論を行なうための基になるものだ。しかし、ここで前提とされている経済見通しは、前述したPB黒字化目標設定時の経済前提以上に超甘々なのだ。いや、甘々なんてものじゃない。デタラメもデタラメ、これはもう〝ウソ〟というレベルを超えて詐欺師に近い。

具体的に見て行こう。まず名目経済成長率であるが、ここでも試算は二つのケース（ベースラインケースと成長実現ケース）で行なわれている。それが六

名目成長率の政府見通しと結果

	成長実現ケース	ベースラインケース	結果
2018年(平成30年)	2.5%	2.5%	0.1%
2019年(令和元年)	2.8%	2.4%	0.3%
2020年(令和2年)	3.1%	2.2%	▲3.9%
2021年(令和3年)	3.2%	1.9%	?
2022年(令和4年)	3.4%	1.8%	?
2023年(令和5年)	3.4%	1.8%	?
2024年(令和6年)	3.5%	1.8%	?
2025年(令和7年)	3.5%	1.8%	?
2026年(令和8年)	3.5%	1.8%	?
2027年(令和9年)	3.5%	1.7%	?
2028年〜(令和10年〜)	1.6%	1.3%	?

1995年度〜2021年の平均名目成長率はわずか0.2%!

内閣府のデータを基に作成

七ページの表であるが、実はこのうち最初の三年間、二〇一八年度～二〇年度まではもう結果が出ている。二〇一八年度は〇・一%、二〇一九年度は〇・三%、そして二〇二〇年度はマイナス三・九%だ。成長実現ケースの数字はもちろんのこと、ベースラインケースの数字すら大きく下回っている。

そもそも、現在の基準で計算されている一九九五年度からの二六年間におけるわが国の平均名目成長率は、わずか〇・二%（!）だ。異次元金融緩和で株価は大きく上がり、失業率は歴史的低水準にまで下がり、経済は比較的好調と言われていたアベノミクスの時代（二〇一三年度～二〇年度）でも〇・九%に過ぎない。こういう現実の数字を見れば、成長実現ケースのように三%台がずっと続くなどということは到底考えられないのはもちろん、ベースラインケースも実現へのハードルは極めて高いということがおわかりいただけよう。

政府が社会保障の将来見通しを考える「議論の素材」として、かくも高い経済成長率を前提とするのは、当然のことながら「社会保障の将来見通しは明るいですよ。年金は一〇〇年安心ですよ」と見せたいからだ。しかし、すでに見てきたように、この前提はすでに結果が出てしまったスタートからの三年間で完全に誤算となっており、ここから先もその達成は極めて難しい。「社会保障の将来見通しは明るい」「年金は一〇〇年安心」などというのは、どう考えても〝ウソ臭い〟と言わざるを得ない。

介護就業者数試算「介護需要増に伴って介護就業者数は増える」

さらに、この政府による社会保障の見通しが「あり得ない」のは、これから一段と深刻になる介護の問題に関してである。今後、高齢化がますます進むにつれて当然、医療・介護分野での人材増が必要となってくる。それに関する政府見通しの数字がどうなっているかを見て行こう。

まず、スタートラインの二〇一八年度では、就業者総数六五八〇万人に対して医療福祉分野の就業者数は八二三万人。就業者数全体に占める割合は一二・五％。介護就業者は三三四万人で同じく五・一％となっている。これが二〇四〇年度にはどうなるかというと、まず働き手は減る。就業者数は全体で五六五四万人と予想されている。一〇〇〇万人近くも減るのである。それに対して、医療福祉分野の就業者数は一〇六五万人。全就業者数の一八・八％にも達するというのが政府の「計画ベース」の数字だ。そして、そのうち介護分野に従事する就業者数は五〇五万人。政府の見通しによれば、全就業者数の一割近くが介護分野に従事するようになるというのだ。

介護従事者がここまで増えるという、この政府の見通しの根拠は何かというと、「医療・介護分野の就業者数については、それぞれの需要の変化に応じて就業者数が変化すると仮定して就業者数を計算」したという。つまり、高齢者増に伴って今より一七〇万人以上の介護就業者が必要とされるようになり、それに応じて介護就業者数は増えるという〝仮定〟で話をしているのだ。

そんなバカげた仮定がどこにあるだろうか。介護の世界では、苛酷な勤務と低い賃金とで今でも人材確保難が指摘されているのに、今より一七〇万人以上も多い介護就業者が需要増に応じて確保できるというのか。第一、二〇二一年七月九日に厚生労働省が発表した「第八期介護保険事業計画」によれば、二〇一九年度比で「二〇二三年度までにプラス約二二万人、二〇二五年度までにはプラス約三二万人の介護職員を確保する必要がある」と、はっきり介護人材がどんどん足りなくなると認めている。一年間で、五万～六万人も新たな介護人材が必要になるという見立てだ。こちらの方が現実に基づいており、真っ当だ。

しかし、政府の「二〇四〇年を見据えた社会保障の将来見通し（議論の素材）」では、そのことは考慮されていない。需要に応じて介護人材は増えるという空想に基づいて（議論の素材）は作られている。そして、私が憤りを禁じ得ないのは、この絶対あり得ない仮定が、「医療福祉分野における就業者の見通し」の注記として、〝ごく小さな字で〟しか書かれていないことだ。

もちろん、政府も何も策を講じていないわけではない。厚生労働省は、「介護人材確保に向けた取り組み」として、介護に関する入門的研修の推進だとか人材育成などに取り組む介護事業者の認証評価制度の支援だとか介護の仕事の魅力発信などによる普及啓発に向けた取り組みなどを行なうとしている。また、

における就業者の見通し

から、2025年度に21.7～21.8%（同140.2～140.6兆円）となる。その後15年
90.0兆円）となる。（計画ベース・経済ベースラインケース※）

傾向で増加するが、2040年度で比較するとベースラインケースに比べて、1%
円））（計画ベース・経済成長実現ケース）。

※経済ベースラインケース及び成長実現ケースの経済前提については次頁参照。

医療福祉分野における就業者の見通し

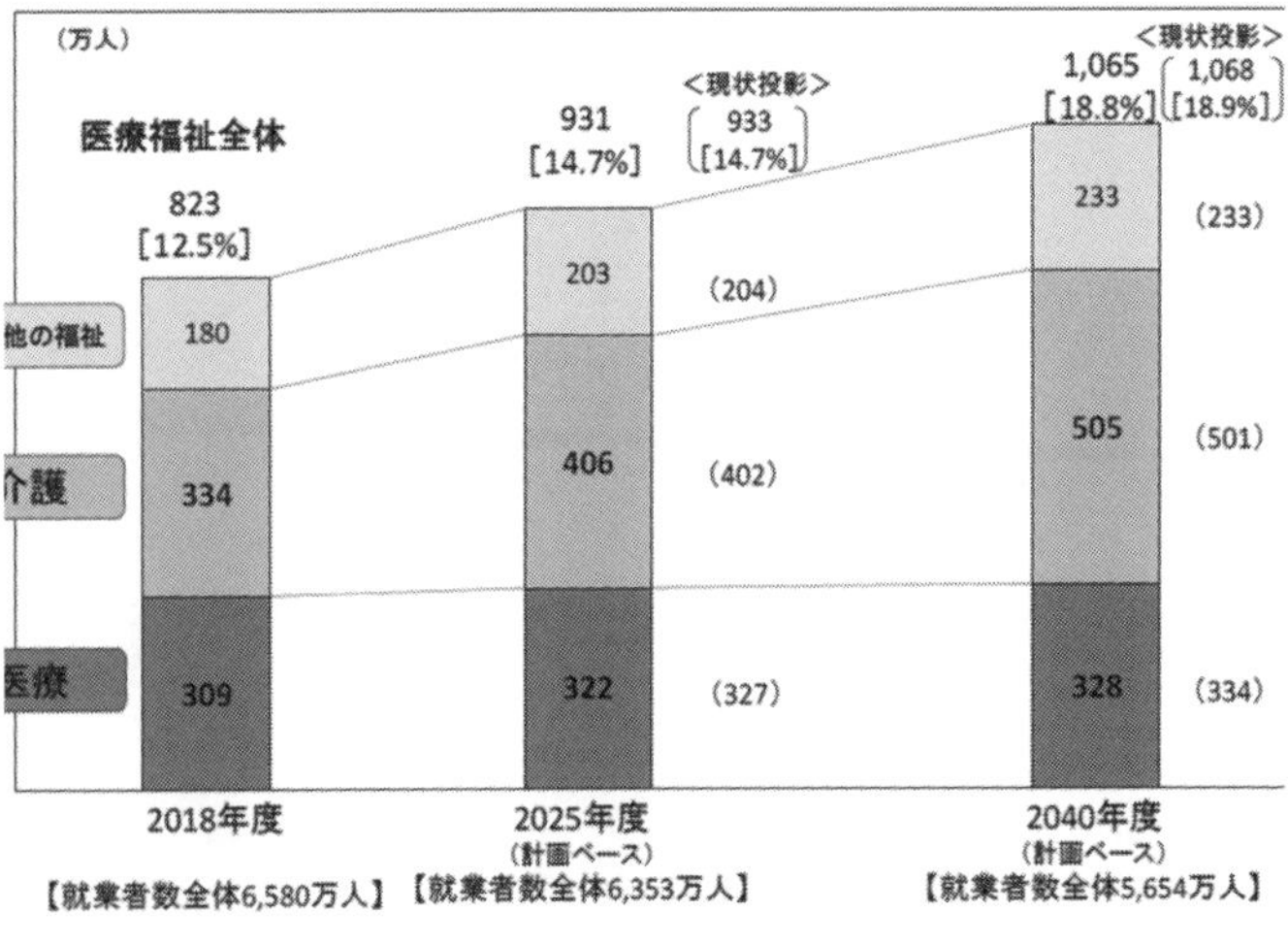

023年度までの外来医療費の適正化効果、第7期介護保険事業計画による2025年度までのサービス量の見込みを基礎として計
いて、地域医療構想の実現に向けたサービス基盤の整備については、例えば医療療養病床から介護保険施設等への転換分な
じて就業者数が変化すると仮定して就業者数を計算。②その他の福祉分野を含めた医療福祉分野全体の就業者数については、
児等については、現状のまま推移すると仮定して計算。
の経済財政に関する試算（平成30年1月）」等を踏まえ計算。なお、医療・介護費用の単価の伸び率については、社会保障・税 2
GDP比。

さな字で”絶対あり得ない仮定について記述されている
財務省・厚生労働省「2040年を見据えた社会保障の将来見通し」

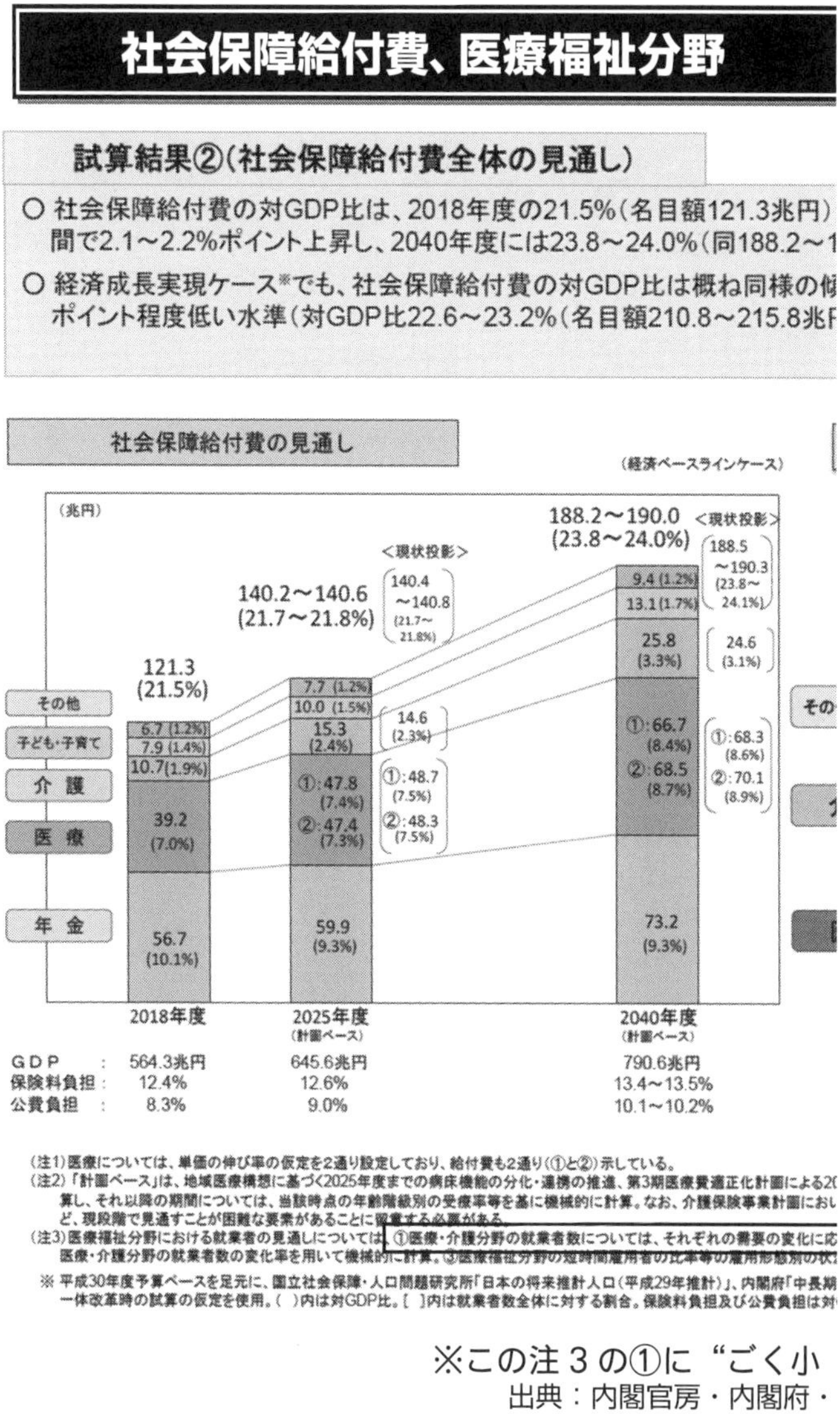
社会保障給付費、医療福祉分野
試算結果②（社会保障給付費全体の見通し）
○ 社会保障給付費の対GDP比は、2018年度の21.5%（名目額121.3兆円）
間で2.1～2.2%ポイント上昇し、2040年度には23.8～24.0%（同188.2～1
○ 経済成長実現ケース※でも、社会保障給付費の対GDP比は概ね同様の傾
ポイント程度低い水準（対GDP比22.6～23.2%（名目額210.8～215.8兆
社会保障給付費の見通し
（経済ベースラインケース）
（兆円）
その他
子ども・子育て
介護
医療
年金
121.3
(21.5%)
6.7 (1.2%)
7.9 (1.4%)
10.7 (1.9%)
39.2
(7.0%)
56.7
(10.1%)
140.2～140.6
(21.7～21.8%)
＜現状投影＞
140.4
～140.8
(21.7～
21.8%)
7.7 (1.2%)
10.0 (1.5%)
15.3
(2.4%)
14.6
(2.3%)
①:47.8
(7.4%)
②:47.4
(7.3%)
①:48.7
(7.5%)
②:48.3
(7.5%)
59.9
(9.3%)
188.2～190.0
(23.8～24.0%)
＜現状投影＞
188.5
～190.3
(23.8～
24.1%)
9.4 (1.2%)
13.1 (1.7%)
25.8
(3.3%)
24.6
(3.1%)
①:66.7
(8.4%)
②:68.5
(8.7%)
①:68.3
(8.6%)
②:70.1
(8.9%)
73.2
(9.3%)
2018年度
2025年度
(計画ベース)
2040年度
(計画ベース)
GDP : 564.3兆円 645.6兆円 790.6兆円
保険料負担 : 12.4% 12.6% 13.4～13.5%
公費負担 : 8.3% 9.0% 10.1～10.2%
(注1) 医療については、単価の伸び率の仮定を2通り設定しており、給付費も2通り（①と②）示している。
(注2)「計画ベース」は、地域医療構想に基づく2025年度までの病床機能の分化・連携の推進、第3期医療費適正化計画による20
算し、それ以降の期間については、当該時点の年齢階級別の受療率等を基に機械的に計算。なお、介護保険事業計画におい
ど、現段階で見通すことが困難な要素があることに留意する必要がある。
(注3) 医療福祉分野における就業者の見通しについては、①医療・介護分野の就業者数については、それぞれの需要の変化に応
医療・介護分野の就業者数の変化率を用いて機械的に計算。③医療福祉分野の短時間雇用者の比率等の雇用形態別の状
※ 平成30年度予算ベースを足元に、国立社会保障・人口問題研究所「日本の将来推計人口（平成29年推計）」、内閣府「中長期
一体改革時の試算の仮定を使用。（　）内は対GDP比。［　］内は就業者数全体に対する割合。保険料負担及び公費負担は対
※この注3の①に"ごく小
出典：内閣官房・内閣府・

介護職員処遇改善を図ろうともしている。しかし、この程度の策で介護就業者数が一〇〇万人規模で増えるとはとても考えられない。まず、ただでさえ労働人口そのものが減って行く。それも、一〇〇〇万人近くもである。そんな中で、介護人材は一〇〇万人規模で増やさなくてはいけないのだ。

しかも、厚労省も問題視している介護職員の処遇、わかりやすく言えば賃金だが、これが現状極めて低い水準にある。たとえば厚労省の「平成二八年度介護従事者処遇状況等調査」によれば、常勤の介護職員の月給は平均で二八万九七八〇円。同じく、きつい勤務である看護職員はどうかというと三七万一一〇〇円。一般的にはきつい勤務とは見なされないであろう事務職員さえ三〇万七三五〇円で、介護職員より多い。もし、この賃金格差を政府の力で埋めようとするならば、ここにも莫大な財政支出が必要になってしまう。

二〇四〇年、介護は確実に崩壊している

そこで現実的な策として進められているのが、外国人材の受け入れだ。とりわけ期待されるのは、外国人技能実習制度への介護職種の追加だ。

外国人技能実習制度というのは、途上国からの実習生が自分の国では身に付けることができない技能を日本で学び、やがてそれを持ち帰って自分の国で役立ててもらうという「人づくり」で国際貢献に寄与するというのを目的に作られた制度だ。一九九三年に創設され、二〇二〇年時点で約四〇万人の技能実習生が日本国内に在留している。この外国人技能実習制度に、二〇一七年一一月から介護職種が追加されたのだ。

これに対する外国人の申請状況だが、スタートから約三年経った二〇二〇年一〇月末時点で申請件数二万五件、認定件数一万八〇三四件となっている。三年間で約二万人。この数字をどう見るかだが、先の厚労省の「第八期介護保険

事業計画」と突き合わせてみよう。

この計画によれば毎年新たに確保しなくてはいけない介護職員の数は、先にも述べたように五万～六万人だ。これだけの追加確保が毎年必要になるのだ。ということは、外国人介護技能実習生だけでは全然足りない。

しかも、「なんか、おかしいな？」とお感じの読者もいらっしゃるのではないかと思うが、この制度は途上国の若者に日本で技能を身に付けてもらって、それを母国に持ち帰って役立ててもらうという制度である。だから、日本で技能実習生として働くことができるのは、〝最長で五年〟と定められている。技能実習生を介護労働力としてずっと使うことは、できないのだ。そもそも技能実習法には、基本理念として「技能実習は、労働力の需給の調整の手段として行われてはならない」（技能実習法第三条第二項）と記されている。お国が自らそれに反することはできない。

実は、国はちゃんと外国人を介護労働者として使える制度も設けている。一番早く始まったのは、二〇〇八年にスタートしたインドネシア・フィリピン・

ベトナムの三ヵ国を対象とした経済連携協定（ＥＰＡ）による介護福祉士・候補者の受け入れだ（介護士だけでなく看護師も）。次いで二〇一七年九月から就労ビザとして認められた在留資格「介護」。次いで深刻な人手不足に対応するために、二〇一九年四月の入管法改正により新たな在留資格として「特定技能」が創設された。この「特定技能一号」のトップに挙げられているのが介護業だ。

近年は介護人材不足への懸念が高まってきているから、国もいろいろ手を打ってはいるのだ。そして、これらの制度による外国人介護労働者数は、確実に増えてきている。読者の中でも、外国人介護労働者に関するニュースを目にしたことがある方は多いのではないだろうか。

では、各制度による介護労働者は現在どれくらいいるのだろうか？　まず、ＥＰＡ介護福祉士・候補者は三一五五人（うち資格取得者は七八二人）（二〇二〇年一〇月一日時点）。次に、在留資格「介護」は一三二四人（二〇二〇年六月時点）。そして、特定技能は三四三人（二〇二〇年九月末時点）。全部合わせても一万人にも達しない。これは、年間の増加数ではない。総数である。一年で五万～六万人も増やさなくてはいけないのに、外国人介護労働者は総数で一万人にも満たないというのが現状だ。つまり、いろいろ制度を設けて外国人介護労働者を増やそうとしており、現に増えてもいるのだが、その増え方はほとんど「焼け石に水」と言ってよいレベルだということだ。

こうして見てくると、明らかになることがある。それは、政府の見立てのように、介護需要増に応じて介護労働者が増えるなどということはあり得ないということだ。「介護人材が全然足りない、足らなくなる」——それが二〇四〇年における介護の姿になるであろうことは確実だ。つまり、〝二〇四〇年には介護は崩壊している〟のである。

韓国人を絶滅させる「4N」宣言

ところで、少し話を戻して韓国ではなぜ〝絶滅〟が危惧されるほど少子化が進んでいるのだろうか？　これについて、二〇二一年六月一四日付ＪＢｐｒｅ ｓｓにおいて韓国の作家・コラムニストのオ・セラビ氏が的確に論じていた。論説のタイトルは「韓国の若者に広がる『非婚主義』と『４Ｎ宣言』の行き着く先」。オ氏によれば、韓国では約一〇年前から「非婚」という言葉が使われ始め、その後フェミニズムの高まりと共にこの言葉が流行するようになったという。フェミニズムとは、単純に訳せば女性解放思想だが、より詳しく説明すると韓国の進歩的フェミニストたちは、女性解放のためには結婚制度の崩壊は必須条件だと主張する。また「自分のことは自分が選択する」と訴え、そこから派生して生まれたのが「４Ｎ宣言」だ。

４Ｎとは「No dating」「No sex」「No marriage」「No babies」、つまりデートはしない、セックスしない、結婚しない、子供は作らない――これによって女性は解放されるという主張なのだ。こういう考え方が当たり前になれば、確かに少子化が進んでもおかしくないだろう。

だが、韓国の少子化が子供の養育が大変だから、あるいは大変になったからなどというのは大ウソだ。韓国は一九六〇年代初頭、合計特殊出生率はなんと六・〇を超えていた。一・六ではない。六・〇だ。では、その頃の韓国経済はというと、今よりはるかに貧しかった。一人当たりGDPはアメリカの一五分の一以下、日本の五分の一以下。さらに言えば、あの北朝鮮とほとんど変わらなかったばかりか、一九七〇年代初めには北朝鮮すら下回っていたのだ。

そんな貧国だったのだから、今より子育て環境がはるかに厳しかったのは間違いない。けれども、子供はたくさん産んだ。一人の女性が六人もだ。韓国で少子化が進んだのは、子育てが大変になったからではない。

「老後二〇〇〇万円不足」騒ぎは三文芝居

さて、私たち国民がうすうすは感付いている社会保障制度不安であるが、この不安心理を一気に増大させたのは、二〇一九年に大騒ぎとなった「老後二〇〇〇万円不足問題」だろう。

二〇一九年六月三日に金融庁・金融審議会の市場ワーキング・グループが公

表した報告書の中に、こんな表現があった。「高齢夫婦無職世帯の平均的な姿で見ると、毎月の赤字額は約五万円」「不足額約五万円が毎月発生する場合には、二〇年で約一三〇〇万円、三〇年で約二〇〇〇万円取崩しが必要」。これが「二〇〇〇万円不足」として大きくクローズアップされた。

マスメディアや野党は連日大騒ぎ。立憲民主党の蓮舫副代表は国会で「この報告書で国民が怒っているのは、百年安心がうそだったと、自分で二千万円ためろってどういうことかという憤りですよ」（参議院会議録令和元年六月一〇日）と攻撃。攻撃にひるんだ麻生金融担当相は、この報告書を「正式な報告書としては受理しない」という異例の事態に発展した。

この「老後二〇〇〇万円不足問題」であるが、私は今の政治を象徴するお粗末な三文芝居だと思って眺めていた。まず第一に、麻生氏は政府が「年金は一〇〇年安心」と言っている建前上、こういうパフォーマンスをして見せたのだろうが、麻生氏が正式な報告書として受理しようがしまいが、金融庁の計算そのものは当然、変わることはない。

第二に、高齢者の生活は月五万円の赤字になるというが、年金だけでは足りないので蓄えてきた資産を取り崩して生活費を補うのは、高齢者の生活としては極めて自然な形である。そもそも五万円の赤字というが、取り崩す貯蓄がなければ赤字になりようがないのだから、高齢者は今もそうやって赤字を貯蓄で埋める生活をしているというだけの話である。落ち着いて考えれば、このこと自体は大騒ぎするような話ではない。事実として、二〇一九年時点の高齢夫婦無職世帯の資産残高は、金融資産だけで平均二三二七万円もある。

アリとキリギリスのイソップ寓話、あるいは「稼ぐに追い付く貧乏なし」ということわざを思い出すがよい。老後豊かな生活を送ろうと思うなら、しっかり働いて稼いで蓄えておくこと。そんなことは当たり前だ。私自身もそうだし、私が主宰する会員制組織の会員様たちも、きちんと手を打って老後に備える資産を築くことに努めている。だから、多くの会員様は二〇〇〇万円などはるかに超える金融資産を築いている。

第三に、今度は追及している蓮舫氏に尋ねるが、民主党が与党だった時代は年金制度は万全で、自民党が政権を奪還したら「二〇〇〇万円」足りなくなったのか？　そんなことはない。民主党は政権を取った二〇〇九年の衆議院選挙で「年金制度を一元化し、月額七万円の最低保障年金を実現する」などの年金制度改革を掲げていたが、言うまでもなく実現していない。マニフェストでは良いことだけ並べるが、きちんと説明しなくてはならない立場に立たされると、当時の岡田克也副総理が報道番組で「年金抜本改革の財源は、今回の（二〇一五年一〇月に引き上げる予定だった消費税の）一〇％増税に入っていない。さらなる増税は当然必要になる」という驚きの発言をせざるを得なくなったりした。

要は、議論を積み上げたまともな制度設計などできていなかったのだ。だから、結局年金制度にはほとんど手が付けられず、民主党政権最後の首相となった野田佳彦氏は二〇一二年五月に「現行制度が破綻をしている、あるいは将来破綻をするということはございません」（衆議院会議録平成二四年五月一一日）と国会で答弁するに至る。民主党政権時と今とでは、年金制度は基本、変わっていないのだ。ただ、野党の立場だと無責任に追及できて、政権与党の立場だと無責任に逃げを図る、それだけのことだ。だから〝三文芝居〟だと言うのだ。

官僚も政治家も年金額を下げざるを得ないことはわかっている

ただ、蓮舫氏の国会での追及でまともな指摘もある。それは、「審議会の議事録を見ると、厚労省は、今後、実収入の社会保障給付は低下する、下がるとはっきり説明しています。委員の中からは、はっきり言って削減、低下するというのが事実、はっきり言うべきは言わなきゃいけない、こういう意見がずうっと連なっているんですよ。金融庁は、年金が下がるという認識で審議会を進めたでいいですね」（参議院会議録令和元年六月一〇日）というものである。

これに対し、政府参考人である金融庁の官僚は、いかにも国会での官僚答弁らしくのらりくらりと答えるのだが、年金が下がる、何らかの形で事実上下げるしかない――これは金融庁の官僚のみならず、まともに年金制度について考えている人間なら当然持っている危機感だ。

なぜなら、わが国の年金制度は子供世代が親世代に仕送りする「賦課《ふか》方式」というやり方を採っているからだ。大きく分けて、年金制度には「積立方式」と「賦課方式」とがある。「積立方式」には説明は不要だろう。ある人が年金保険料を支払って、それが積み立てられ運用されて、最終的に年金を受け取る年齢になったら、年金としてバックされるというやり方だ。

この、よく耳にする「積立」に対して「賦課」とは聞きなれない言葉だが、辞書的には「割り当てて負担させること」となっている。年金制度の実態に即してわかりやすく言えば、高齢者の年金を現役世代に割り当てて負担させるということだ。つまり、現役世代が払っている年金保険料がそのまま高齢者の年金に回っているのである。言い方を変えれば、今、現役世代のあなたが払っている年金保険料は、あなた自身のためのものではない。今の高齢者のためだ。そしてあなたが高齢者になった時、その年金を払ってくれるのはその時の現役世代、つまり子供世代なのだ。

その子供世代はこれからどうなるか。言うまでもないだろう。どんどん減って行く。厚生労働省は二〇二一年六月四日、二〇二〇年（令和二年）の人口動態統計月報年計（概数）を発表した。出生数は前年（二〇一九年）より二万四四〇七人少ない八四万八三二人で、一八九九年の調査開始以来の過去最少を更新した。戦後の第一次ベビーブーム（一九四七〜四九年）の時には、毎年二七〇万人近い子供が生まれていた。今の三倍以上である。このいわゆる「団塊の世代」が結婚して子供を産んだのが第二次ベビーブーム。「団塊ジュニア」の誕生だ。これが、一九七一年（昭和四六年）から一九七四年（昭和四九年）である。この四年間は毎年二〇〇万人を超える子供が生まれていた。

しかし、団塊ジュニアの子供による第三次ベビーブームは起こらなかった。第一次から第二次の時には、二〇代で結婚して子供を作るというのが人生の基本形としてあった。それが崩れてしまったのだ。「ライフスタイルの多様化」という声が世の中を覆うようになり、結婚しない、子供を作らない生き方も当たり前となった。先の韓国では一層顕著にそれが表れているが、少子化が進む原因はここにある。繰り返すが、子育てが大変になったからではない。

そもそも少子化は、豊かになった先進国に共通する病である。明らかに子育て環境が苛酷な貧しい発展途上国では、そんな現象は起こらない。わが国の第一次ベビーブーム・第二次ベビーブームの時だってそうだ。敗戦直後の第一次ベビーブームの時は、食うに事欠くくらい貧しかった。昭和後期（昭和四六～四九年）の第二次ベビーブームの時はもちろんそんなに貧しくはなかったが、所得水準は今よりずっと低かった。それに、五〇代後半以上の読者なら「ああ、そうだった」と納得してくれることだろうが、あの頃まだ九割の家庭にエアコンも電子レンジもなかった。紙おむつは、まだ存在すらしていなかった。もちろんインターネットもなく、育児などの情報を簡単に得ることはできなかった。そして旦那はモーレツサラリーマン。週休二日制などという恵まれた職場は、ごくごくまれ……。どう考えても、今より子育て条件が良かったとは思えない。しかし、子供を産んだ。要は、ライフスタイルに関する意識の問題なのだ。

これは個々の生き方の問題だから、それに関して私が口をはさむことは差し控えよう。ただ、それにより少子化がどんどん進んでしまうと、子供世代から高齢世代への「仕送り方式」であるわが国の年金制度は、もたないのだ。頭の良い厚労省や金融庁の官僚がそういう認識を持っているのは当然だ。本当は、官僚だけでなく蓮舫氏だってわかっている。ただ、今は野党の立場に戻ったから無責任に追及しているだけだ。

①負担増か、②年金減額か、③その両方か

では、子供世代が高齢世代を支えるこの制度がどれほど厳しくなって行くか、八九ページの図でご覧いただこう。今の年金制度の基本ができた一九六〇年代から七〇年代。高齢者一人を約一〇人の現役世代で支えていた。それが二〇一七年には約二・二で支えるようになっており、問題の二〇四〇年には約一・五人で支えることになる。「支える」というのは、要はお金を出すということだ。

具体的にイメージしてみよう。たとえば、高齢者の月額年金を一〇万円としてそれを現役世代二・二人で負担するとすると、一〇万円÷二・二で四万五四

高齢者1人を支える人数

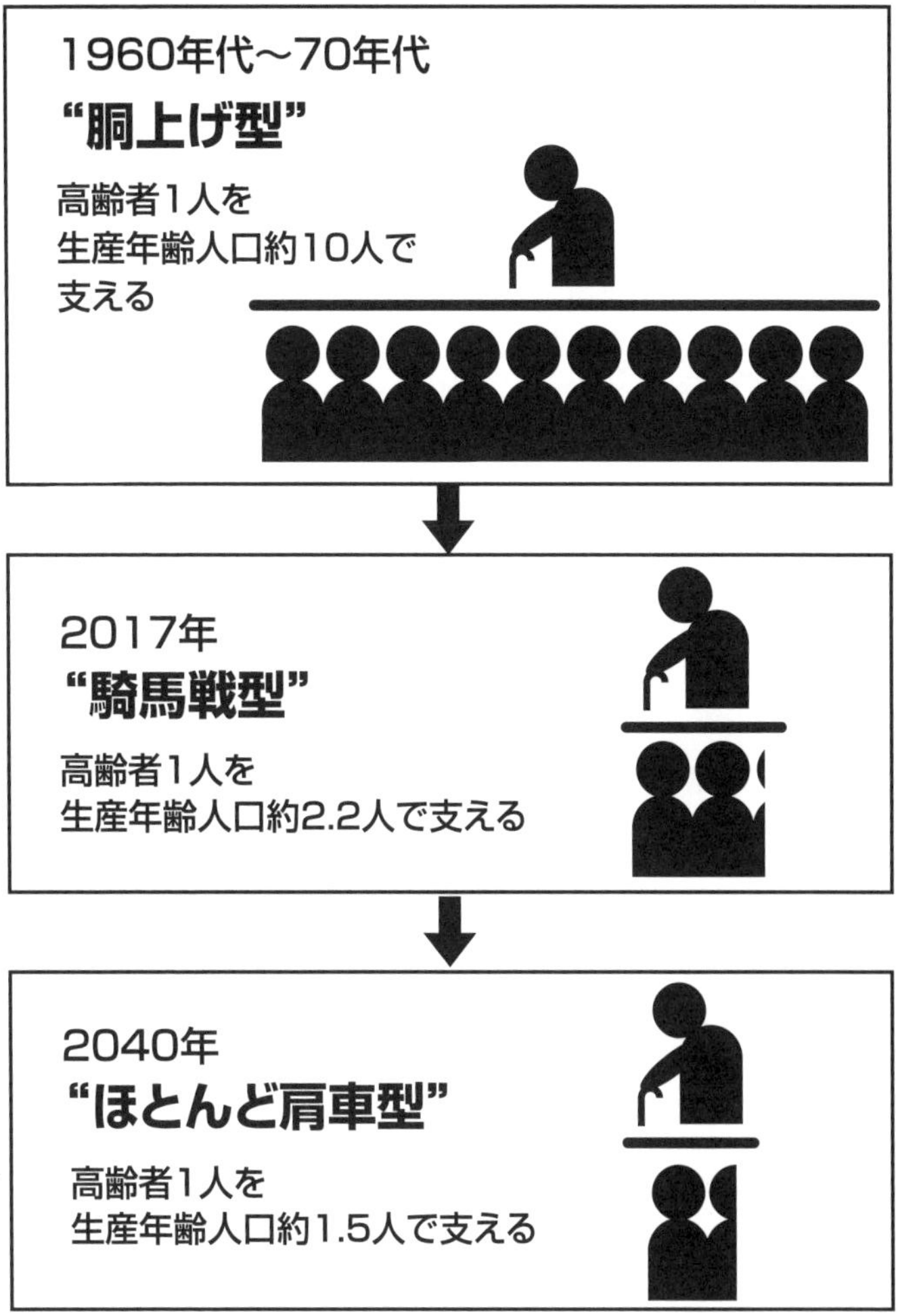
1960年代～70年代
“胴上げ型”
高齢者1人を
生産年齢人口約10人で
支える
2017年
“騎馬戦型”
高齢者1人を
生産年齢人口約2.2人で支える
2040年
“ほとんど肩車型”
高齢者1人を
生産年齢人口約1.5人で支える

五四円。一・五人で負担するとなると一〇万円÷一・五で六万六六六六円。現役世代の負担額は五割近くも増えることになる（ちなみに二〇六五年には一・三人で支えることになるので、負担額は七万六九二三円。二〇一七年比では約七割の負担増となる）。そんなに負担額が増えてしまっては、現役世代の活力は大きく殺《そ》がれることになるし、ひいては高度人材の海外流出にもつながりかねない。そうなれば、年金財政はさらに悪化する。そこで優秀な官僚たちは、年金額は下げざるを得ないと考えているのだ。

先にも述べたが、これは優秀な官僚たちだけではない。年金制度について真面目に考えれば、①現役世代の負担をどんどん重くするか、②高齢者が受け取る年金を減らすか、③その両方か、この三つの選択肢のどれかしかないことは誰が考えたって明らかなのだ。

普通に考えて、私は③であろうと思う。今述べた通り、受け取り年金額を減らさずに現役世代の負担をどんどん増やして行ったら、現役世代の活力は大きく殺がれ、優秀な人材の海外流出が激増することだろう。そうなったら、年金問題よりさらに深刻な国の衰退につながってしまう。

そうかといって、現役世代の負担は増やさず受け取り年金額の方を二分の一五（支え手二・二人から一・五人へ。六八％）とか二分の一三（五九％）に劇的に減らすことが政治的にできるかというと、それは不可能だ。先に述べたように、社会保障制度というのは国民へのばら撒きシステムだから、ひとたび制度的にばら撒きを始めてしまうと、もう後戻りはできないと言ってよい。そこで、やむなくその折衷案として③――負担も増やしてもらうが、年金額も削らせてもらう、ここに落ち着くと考えるのが常識的なところではなかろうか。

「今の年金制度の基本設計は、一人のお年寄りを現役世代一〇人で支える時代に作られました。その時は、一・五人や一・三人で支える時代のことなど頭の片隅にもありませんでした。ですから、この制度は根本的に変更を加えなければなりません。変更は①現役世代の負担増、②受け取り年金額の減額、③その両方、この三つの選択肢のどれかしかありません。厳しい選択ですが、どれかしかない。それを覚悟した上で、真っ向から年金制度改革を考えて行きましょう」――本当は政治の世界で誰かこんなことを真っ当に訴えてほしいものだと思うが、与野党を問わず〝不人気につながり、大騒動を巻き起こすこと間違いなし〟のこんな発言をする政治家は誰一人としていない。

だから、言えることはただ一つ。「支え手が減るのだから、年金は必ず減額される。ただ、いつどれくらい減額になるのか、それはわからない」それだけだ。

本章では、二〇四〇年には介護は間違いなく崩壊していること、年金は減額されるのは間違いないがどれくらい減額になるかはわからない、ということを詳細に説明してきた。私たち日本人の二〇四〇年の未来像は、本章のサブタイトルにある通り「二〇〇〇万円どころではない、老後崩壊の世界」なのである。

第三章

インフレの次に国家破産がやってきて、
資産はさらに五分の一に！

政府というのは、残りの者たちに暴力を振るう人間の集まりである。

（レフ・トルストイ）

看板に偽りあり——達成できないインフレターゲット

〝年二％のインフレ〟——これは、主要な先進国が掲げるインフレ目標の基準である。それらの主要な先進国の中には、わが国・日本も含まれており、日銀が年二％のインフレを実現させるインフレターゲットを看板に掲げてから、現在で九年目になる。そろそろ一〇年が経とうかという状況だが、その間いまだに一度も目標は達成されていない。

これほど長期で目標が未達になっていると、そもそも目標達成をする意思はなかったのではないかと勘繰《かんぐ》ってしまうが、その勘繰りは、実は正しい。

日本においてインフレターゲットが始まったのは、アベノミクス開始と同時であった。日銀のいわゆる〝黒田バズーカ〟と呼ばれる大規模な量的緩和によって本格的に始まったのだ。当初、「二年で二％のインフレ」というキャッチフレーズで始まったものの、その二年後どころか九年目に至る今まで、その目標は達成されていない。そしてその間、日銀の量的緩和によって別のものが生み出された。それは、日銀が〝量的緩和〟をかけ声にあらゆる金融機関から買い占めたことでうず高く積み上がった、〝日本国債の山〟である。

日銀は本来、〝財政ファイナンス〟が禁じられている。財政ファイナンスとは、日銀が新しく発行された国債をそのまま買い付けることを指す。これを認めてしまうと国債発行に歯止めが効かなくなり、いずれとんでもないことが引き起こされるからだ。実際、乱発された国債により、第二次世界大戦後の日本ではハイパーインフレが起きている。その教訓から、財政法第五条の法律によって明確に禁止されたのである。

しかし、現状ではこの財政ファイナンスと何ら変わらない行為が平然と行なわれている。一度市中に発行された新規国債を、日銀がすぐさま買い取っているのである。それによって、日銀が大量に日本国債を抱えてしまっているのだ。うがった見方をすると、この一連の行為を財政ファイナンスと批判されず正当化されるように、日銀が「錦の御旗」のごとく「インフレターゲット」という旗を掲げ続け、隠れ蓑《みの》にしたのではないだろうか。

というのも、国としては国債を低金利で安定的に消化する必要があり、その際に登場した日銀による国債買いはあまりにも都合の良い、まさに〝渡りに船〟の申し出だったからだ。実際に二〇一三年以降、日銀の国債などの保有比率は格段に増えている。一九九七年一二月に一六・三％あった比率は、上下しながら徐々に下がって行き、二〇〇七年三月〜二〇一二年三月までの五年間は一桁までになっている。それが二〇一二年末にかけて少しずつ上昇し、年を跨《また》いで二〇一三年になった後は一気に上昇しているのだ。直近二〇二一年三月時点では、なんと四四・五％にまで増加している。

いずれにしても、日銀はインフレターゲットのために大量の国債を金融機関から購入した。それによって国債の金利はどんどん低下し、特に二〇一六年以降の長期金利はほとんどゼロに張り付いている。それどころか、時折マイナス金利という貸し手が借り手に金利を払うという、どう考えてもおかしな事態に陥ることもあった。日本が多額の借金を抱えながらここまで何とかやってくることができたのは、この低金利が大きな要因の一つである。短期的に見ると、日銀が行なったインフレターゲットは二%のインフレにはならなかったものの、国債の低金利での安定消化という点では大成功であったと言える。しかし、今後のことを考えると、この日銀の行為は大きな過ちを犯していることがわかる。

問題は二つだ。一つ目は、日銀による国債の購入は国の借金の抜本的な解決にはつながらず、問題を先送りしただけであること。それによって国の借金がさらに積み上がったことで、いざ問題が発生すれば被害が大きくなってしまうのである。もう一つは、財政出動を積極的に行なった結果、国だけでなく日銀までインフレの耐性を弱めたこと。インフレには金利上昇が伴う。そして、金利がもし二%を超えてくると、日銀にとって恐るべきことが起きるのである。

日銀が債務超過になる時

金利上昇により日銀が危機的状況に陥ることを指摘したのは、日本総合研究

日銀の国債等の保有比率

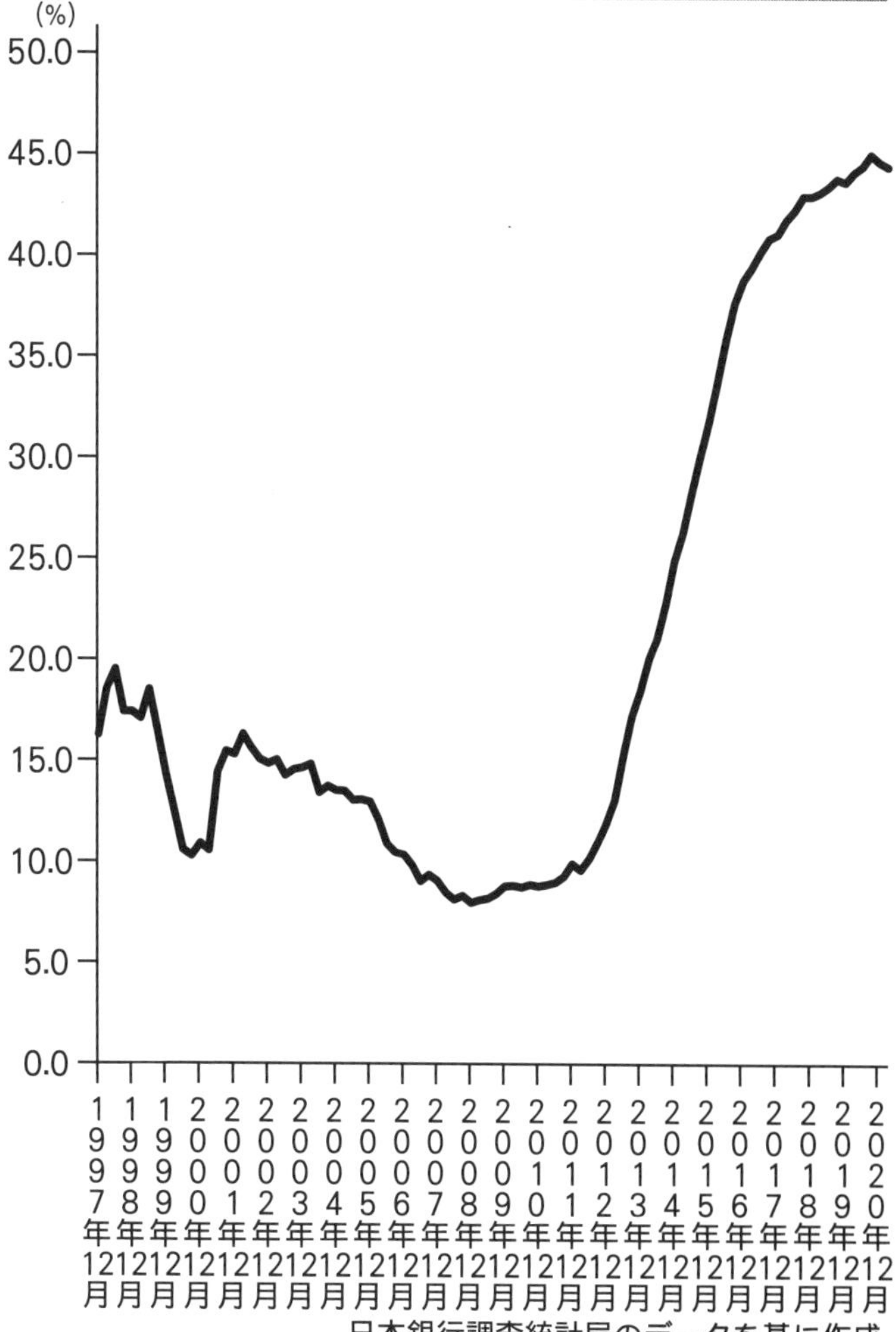

日本銀行調査統計局のデータを基に作成

所調査部主席研究員の河村小百合氏である。日本総研は日本で最高峰のシンクタンクであり、同氏はかなりの実績を持つ人物である。河村氏は『日本の財政が破綻すれば、週五万円しか引き出せない日々がずっと続く　ＭＭＴの行き着く先を考察する』（プレジデントオンライン二〇二〇年一二月二四日付）と題するレポートで、金利が上昇した際に起きる日銀の重大案件に関する警告をしている。

レポートを読むと、「日銀が保有する資産の加重平均利回りは二〇二〇年度上半期決算時点でわずか〇・一九八％しかなく日銀は今後、短期金利をたった〇・二％に引き上げるだけで〝逆ざや〟に陥る」（同前）と驚くべきことが書かれている。そして、「負債である当座預金の規模がすでに四八七兆円（二〇二〇年一一月末）にまで拡大している現在、〝逆ざや〟の幅が一％ポイント拡大するごとに、日銀は年度あたり五兆円弱の損失を被ることになる。日銀の自己資本が、引当金まで合わせても九・七兆円しかないことを考えると、日銀が債務超過に陥る可能性は大きい」（同前）と、驚くの内容が続いているのだ。

まず一つ目のポイントとなる数字は〇・二％、たったこれだけの水準に短期金利が上がるだけで日銀では逆ザヤが発生し、その分負債が積み上がる構造なのである。そして、次のポイントとなる数字は二％である。逆ザヤが一％ポイント拡大するごとに五兆円弱の損失を被ることになるわけで、これが二％ポイント拡大すると一〇兆円弱の損失が出ることになる。すると、日銀の自己資本が九・七兆円しかないのだから、日銀が債務超過に陥るかもしれないのである。

債務超過とは、一般企業では破産手続きが開始される状況であり、上場企業においては上場廃止の原因になる深刻な事態である。ここで、日銀と一般企業を一緒にしてはいけないとお叱りを受けるかもしれないが、日銀も一般企業のようにジャスダックに上場している（証券コード「８３０１」）。もし債務超過に陥れば、日銀は上場廃止勧告を受けるかもしれない。また、日銀が破綻予備群に入れられてしまうかもしれないということで、およそこれまでの常識では考え付かないような事態に陥るというのである。

では、日銀が債務超過に陥ったり、破綻予備群に振り分けられたりすると、どうなるのか。たどり着く先は、〝大幅な円安〟である。その理由は、手元に紙幣を出してよくながめるとわかる。千円札も五千円札も一万円札もすべて〝日本銀行券〟と記載されている。つまり、紙幣は日銀が発行しているのである。そしてもう一つ、その紙幣の価値を落とさないように管理しているのも日銀である。その日銀が債務超過、または破綻寸前と大きく信用を落とすわけだから、そこが発行・管理している日本円の信用は、著しく棄損するのである。

ある意味、当たり前の話である。債務超過で破綻するかもしれない銀行が出している日本円の価値がしっかり保たれるはずがないのだ。紙幣は信用があるから使われているだけで、その信用がなくなればただの紙キレになるのである。

そしてもう一つ、日銀が債務超過に陥ることで金融システムが麻痺することが容易に考えられる。日銀の役割は、大きく分けると二つある。一つ目は、通貨の番人という役割。それが機能しないことで起きるのが前述のどうしようもないほどの円安である。そしてもう一つの役割が、〝最後の貸し手〟というものだ。これが機能しなくなれば、日本の金融システムのすべてが麻痺するのだ。

これからの金融危機は、あなたの財産に直結する

金融システムの重要な要である銀行や証券会社などは、製造業のように物を作るのではなく、お金を動かすことで収益を得る。そのお金を循環させる過程において、元々あったお金を何倍にも膨らませることになる。

たとえば、Ａ銀行がＸ会社に一〇〇〇万円の資金を貸し、そのＸ会社は借りた一割を運転資金に回し、残りの九割に当たる九〇〇万円をＢ銀行に預けたとする。次にＢ銀行は、手元にある九〇〇万円のうち、八〇〇万円をＹ会社に融資する。そのＹ会社は、借りたうちの一部一〇〇万円を運転資金に回し、残り七〇〇万円をＣ銀行に預ける。このように、銀行を通じることによって当初の一〇〇〇万円というお金がその金額以上の影響力を持ち、どんどん膨れ上がって行くのである。

この、お金でお金が作られるシステムを「信用創造」と呼び、銀行が行なう

現代版の錬金術である。そして、現代の金融システムにおいては、さらに強力な錬金術が存在する。それが、「信用取引」だ。たとえば、Z運用会社が「手元に一〇〇万円あるので一〇〇〇万円分の取り引きをさせてほしい」とA銀行に持ちかけ、両社で契約を結んだとする。この時、Z運用会社の手元にあるのは一〇〇万円である。そして契約を結んだA銀行の方は、やり方によって一〇〇〇万円を用意する必要がない。つまり、この契約によって現実にある一〇〇万円が一〇〇〇万円分の効果で市場に影響を与えることになるのだ。

このように、金融の世界は信用で成り立っているわけだが、一つ注意しておくべきことはこのような信用があらゆる金融機関にチェーンのようにつながっているということである。

金融システムは信用のチェーンで密接につながっている——このことが災いして金融のシステムに甚大な被害をもたらしたのは、二〇〇八年の金融危機の時であった。まず、二〇〇八年の金融危機の時に話題となったのは、レバレッジの高さである。特に欧米の投資銀行は、自己資本の三〇倍や五〇倍、あるい

信用創造――お金によってお金が作られる

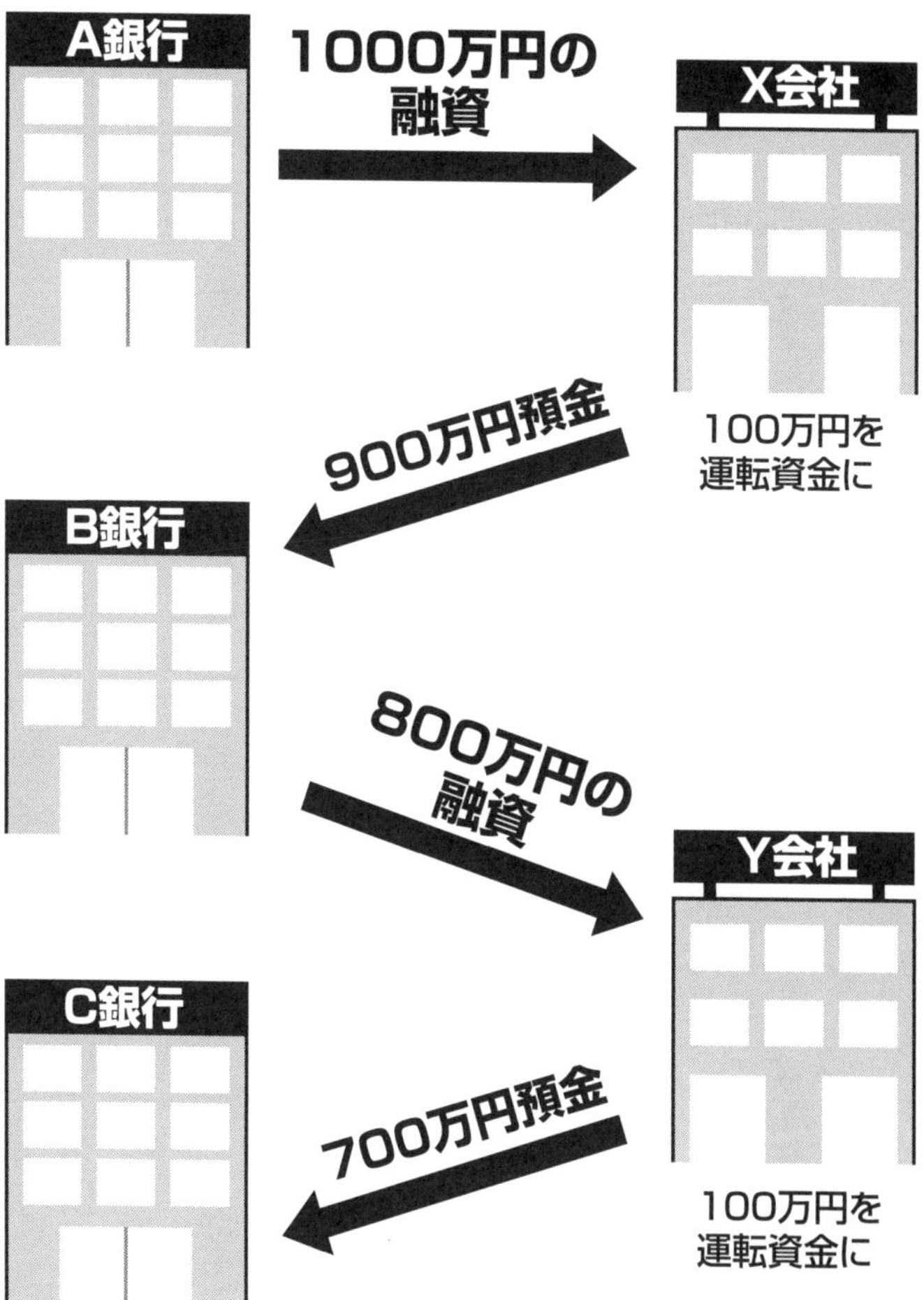

はそれ以上の極めて高いレバレッジで取り引きを行なっていた。これは、仮に自己資本が一億円あったら、三〇億や五〇億といった身の丈をはるかに超えた取り引きを行なっていたということだ。

自己資本の三〇倍、五〇倍といった高レバレッジでの取り引きは、上手く機能しているうちは高い収益を生み出す。ところが一度問題が生じると、そもそも自己資本がわずかだからすぐに債務超過に陥ってしまうわけで、どうしようもなくなるのである。そして、それによって一つの金融機関が破綻すると、信用のチェーンによりそこに資金供給を行なっていた金融機関を中心に連鎖破綻を引き起こしてしまうのである。

当時、リーマン・ブラザーズなどの老舗投資銀行のほか、資金繰りに行き詰まる金融機関が続出した。どれだけ健全な金融機関も資金調達に躍起になり、通常であればあふれかえっている米ドルが、恐ろしいことに一瞬のうちに市場から蒸発したという。そのまま放置され続ければ、世界中の名だたる金融機関が消滅したに違いない。それを最終的に救ったのはＦＲＢ、つまりアメリカの中央銀行制度であった。無尽蔵に米ドルを市場に供給し、何とか金融システムが崩壊することを防いだのである。

さて、二〇〇八年の金融危機を例に出したが、あらゆる金融機関がつながれている信用チェーンの要に位置するのは間違いなく中央銀行であり、日本では日銀となる。そして、これまで幾度もの金融危機が世界中を襲ってきたわけだが、最終的には要である中央銀行が資金供給を行なうなどして、その度に危機を鎮火してきたのだ。

その要にある日銀が機能しなくなれば、日本の金融機関はほぼ全滅するだろう。もちろん金融危機の際にではあるが、そもそも日銀が機能不全になっている状態だから、ほかの金融機関も大パニックの危機に直面していることは容易に想像が付く。

おそらく、次に発生する金融危機は、戦後の日本において初めて経験する極めて厳しいものになるだろう。日銀が債務超過により機能不全に陥った中で、金融機関がバタバタと潰れる世界である。二〇年ほど前に起きた二〇〇〇年、二〇〇一年の信用金庫の大倒産劇とは規模が格段に異なる。今度は、あなたが身近にお付き合いしている銀行がことごとく破綻するのである。それがメガバンクであろうが関係はない。日銀が救いの手を差し伸べることができなければ、メガバンクとはいえ資金繰りに行き詰まり、簡単に破産してしまうのである。

では、そうなった時に預金者はどうなるのか。待っているのは、厳格な〝ペイオフ適用〟である。

今こそ〝ペイオフ制度〟をきちんと把握しよう

皆さんは「ペイオフ制度」をご存じだろう。預金保険制度に加盟している金融機関が破綻した場合、預金者一人あたりの元本一〇〇〇万円までとその利息が全額保護される仕組みだ。普通預金や定期預金の円口座に適用されるもので、外貨預金は対象から外れる。

ペイオフ制度がスタートしたのは、二〇〇二年四月のことである。当初は定期預金に限られており、普通預金は全額保護対象とされたが、しばらくすると普通預金にもペイオフ制度の適用範囲が拡大された。ペイオフ制度が生まれる前は、護送船団方式で銀行は破綻しないように守られており、もし破綻しそうになっても公的資金が注入されるなどで預金者が不利を被ることはなかった。

ただ、ペイオフ制度が開始して間もなくまだ目新しい頃は、いよいよ自己責任の時代が始まったかと騒がれた。週刊誌などではペイオフ制度の特集がこぞって組まれ、銀行の安全度ランキングや破綻しそうな銀行ランキングなどが掲載された。しかし、それは一過性のブームに過ぎなかった。というのも、それから二〇年に近い年が過ぎたわけだが、これまで普通の銀行にペイオフ制度が適用されたことは、ただの一件も発生していないのである。

唯一の例外は、二〇一〇年九月に経営破綻した「日本振興銀行」で、こちらは非常に特殊な銀行であった。「日本振興銀行」は、元金融庁顧問の木村剛氏が二〇〇三年に突然作った銀行であった。日本の金融システムの要である日銀の当座預金を開設しておらず、扱うのは定期預金のみで、普通預金や当座預金は取り扱っていなかった。こういった特殊な銀行であったため、破綻時にペイオフ制度が適用されたとはいえ、例外と思っていただいてもよいだろう。

これまで数多くの銀行が破綻してきたわけだが、それでもペイオフ制度が適用になったケースはないのである。結果として、外貨預金も含めすべての預金が全額保護されているわけで、預金者は銀行が破綻をしても金銭的な不利は一切受けていないのである。

しかし、だからと言って油断をしていてはこれから大変な目に遭う。今度起きるであろう危機では、かなりの銀行が破綻するだろう。それらすべてを救うとなると莫大な費用がかかり、しかも後述するがその費用を拠出する体力は、もはや国にはない。すると、これまで適用してこなかったペイオフ制度が厳格に適用される可能性が高まってくるのである。

だから、今一度ペイオフ制度というものをきちんと確認しておいた方がよい。そしてその際の注意点として、ペイオフ制度はあくまで日本円で一〇〇〇万円までの保護をうたっているわけで、その時にどれだけ大幅な円安になっていても一〇〇〇万円までしか保護されない、ということもきちんと把握しておく必要がある。

次の危機では、国は〝味方〟ではなく〝強力な敵〟

これまでは危機が起きると、金融システムや市場に不具合が生じないように日銀が上手くカバーしてきた。また国も、公的資金注入などで国民生活や日本経済が壊れないようにフォローをしてきた。直近であれば、〝コロナショック〟がまさにそうだ。日銀はそれまで行なってきた量的緩和の額を一時的に増やし、株式指数のETF（上場投資信託）を大量買いして株式市場を下支えした。国は国民一人あたり一〇万円の特別定額給付金を配り、数兆円の巨額の予算を付けて「Go Toキャンペーン」を展開した。ほかにも、売上が激減した会社への持続化給付金や飲食店に対する協力金など巨額のばら撒きを行なっている。

こういった行為に対する是非をここで議論するつもりはない。危機が起きると、これまで日銀や国は救済策を事実行なってきた。私たちの味方になってくれたわけだ。ところが、今度の金利が上昇することで起きる金融危機においては、日銀も国も味方になってくれる可能性は極めて低い。それどころか、今度は国は味方ではなく強力な敵となってあなたの前に立ちふさがるかもしれない。なぜかと言えば、日銀が機能不全に陥るのと一緒に、国も機能不全に陥る可能性が極めて高いからだ。

いよいよ、たまりにたまったものが爆発するのである。そう、〝日本国債〟だ。インフレになると、金利が上がる。これは避けられないセオリーである。もし金利を上げずにインフレを放置しておくと、さらにインフレが加速して収拾がつかなくなる可能性が高い。しかも、今度のインフレは日本だけではなく世界規模で起こるわけだから、日本だけ金利を上げないという選択肢は存在しないだろう。

そして、金利が上がると国債価格は下がる。これは、ある種の公式と言ってよい。さて、国債を一番抱えているのは日銀であるが、ほかの金融機関も大量

金利と利払費の推移

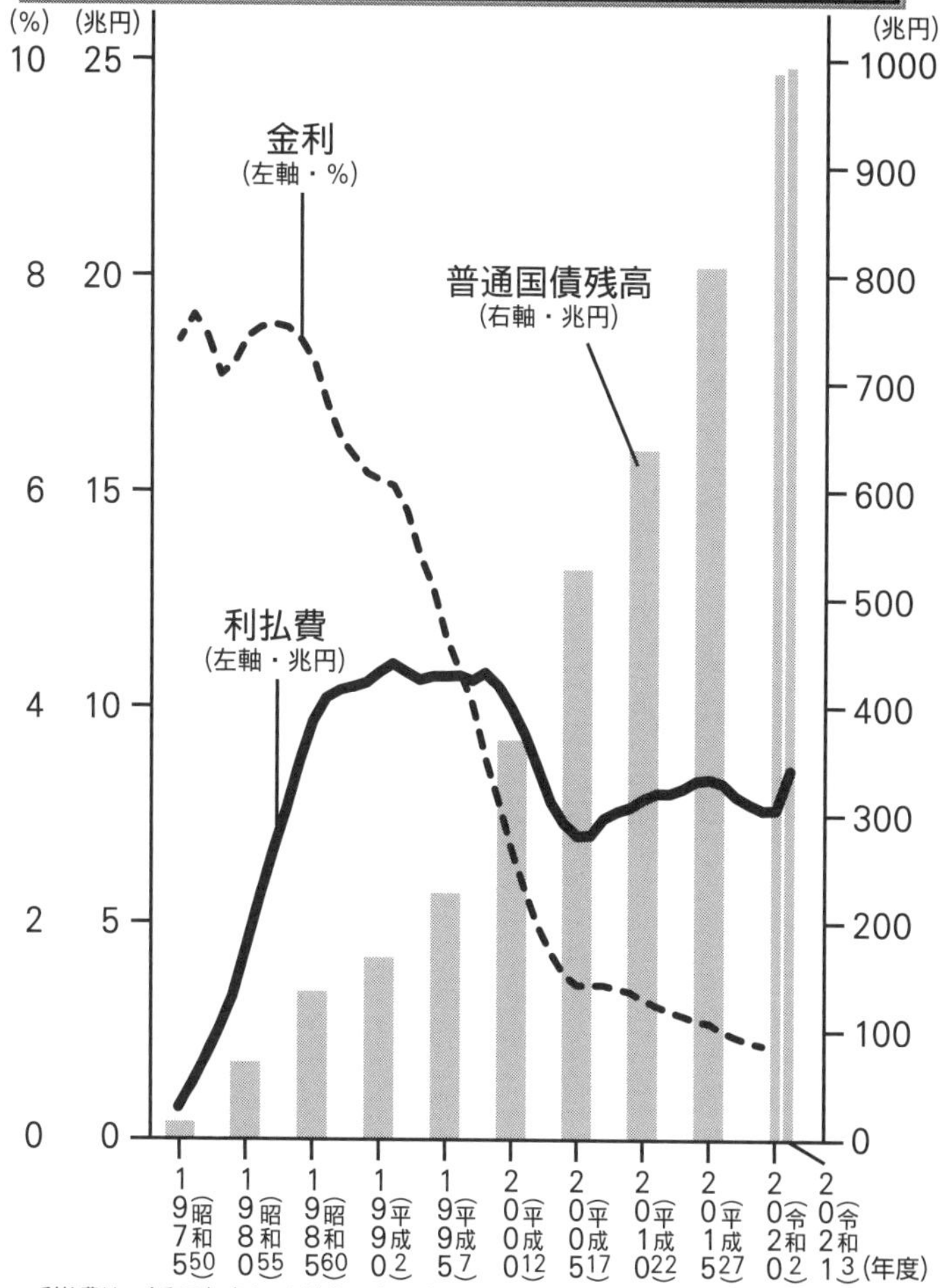

・利払費は、令和元年度までは決算、令和2年度は第3次補正後予算、令和3年度は予算による。
・令和元年度及び令和2年度の計数は、臨時・特別の措置に係る計数を含んだもの。
・金利は、普通国債の利率加重平均の値を使用。
・普通国債残高は各年度3月末現在高。ただし、令和2年度末は第3次補正後予算、令和3年度は予算に基づく見込み。

財務省のデータを基に作成

に抱えている。だから、インフレによって金利が上がれば金融不安に突入するわけだが、その際、国債を大量に抱えている金融機関や日銀よりもそれ以上に困るのが、国債を大量に発行している側の〝国〟である。

国がなぜ困るのかと言えば、利払いのための莫大なコストがかかるためだ。もちろん、金利が上がったからといってすぐに利払い費用が膨れ上がるわけではない。ただ、日本において国債などの発行残高は一二〇〇兆円を超えており、しかも毎年この額は増えるわけで、恒常的に借り換えを行なう必要がある。その時金利が上がっていれば、徐々に利払いが増えてしまうのだ。

これまで、国が莫大な借金（国債など）を抱えても何とかなっていたのは、ひとえに〝低金利〟だったからである。その金利が上がるわけで、そうなると国は国民を助けている余裕などなくなるのだ。むしろ、高くなる利払い費用を捻出しようとあの手この手で国民から搾取する側にまわるだろう。仮に、二％の金利になれば、いずれ利払い費だけで二四兆円超になる。現在の国債の利払いが八・五兆円なので、とんでもない増加となる。

こうなると、予算などすでに成り立たなくなるだろうが、その前に金利が少しずつ増える過程においてどこかで無理が生じることが十分考えられる。

そしてもう一つ、その金利が上昇する過程において日銀からの負担増も国は覚悟しておく必要がある。普段、国は日銀から通貨発行益（シニョリッジ）などの収益を得ている。日本銀行法第五三条により、日銀が得た利益は国民の財産として国庫に納付されることになっている。国の一般会計の歳入金となるのだ。そしてこれは逆も同じで、日銀が損失を出せば国からその分が補填される構造になっているのである。

前述の通り、短期金利が上昇すれば日銀は当座預金にその分の金利を付ける必要が生じるので、それだけで債務超過になる可能性がある。それに加えて、金利が上昇する中で保有する国債の価格が下がっているわけだから、日銀の資産がその分傷んでしまうのだ。その分も含めると、短期金利が二％まで上昇すれば日銀は、債務超過で補填しなければいけない分が数兆円単位で発生する可能性がある。そして、その分の損失が、国に転嫁されるのである。

日銀が大量に国債を抱えた本当の弊害は、この点にあるのかもしれない。金利が上昇する局面で、国は国債の利払い費用の捻出を迫られると同時に日銀経由で国債の値下がり分の補填も強いられるというダブルパンチをくらう可能性すらあるのだ。そうなれば、待ち受けている先は国家破産で、そんな状態で国民を助ける余裕はあるわけもなく、むしろ国が本格的に牙を向けて国民に襲いかかってくるのである。

国が行き詰まれば〝ガラガラポン〟へ

私は、長らく国家破産の研究を行ない、自著でその詳しい内容を数多く紹介してきた。だから、読者の中には国家破産についてかなり詳しい人もいるだろう。ただ一般的にはまだまだ浸透しておらず、「そんな極端なこと起こるはずがない」と楽観視している人の方が多いだろう。最近は「日本のような国はいくらお金をばら撒いてもひどいことにはならない」という「ＭＭＴ理論」と呼ばれる謎の理論が登場しているので、特にそう考える人が多いかもしれない。

しかし、気を付けてほしいのは、歴史を振り返ると決して楽観視してはいけないということだ。近代の日本を見ると、一八六八年の明治維新、第二次世界大戦後とわが国は二度も国家破産を迎えているのである。そして、その前の江戸時代では棄捐令《きえんれい》、それより前には徳政令などで数多くの借金がチャラにされ、その度に民は負担を強いられてきたのだ。歴史は、時の権力者によって都合の悪いことは隠ぺいされる。だから、江戸時代などは「約二六〇年もの間、太平の世が続いた」といった解釈がされる時があるが、とんでもない話だ。

あまり知られていないが、江戸時代に突然財産没収の憂き目にあった豪商がいる。淀屋《よどや》だ。淀屋は、その名前の通り大阪の淀川近くに拠を構えていた豪商である。初代、淀屋常安は豊臣秀吉の伏見城築城やほかにも治水工事に従事し、富を築いて行った。秀吉が亡くなった後、今の京阪淀屋橋駅の近くに淀屋と称して材木商を開いた。大坂冬の陣、夏の陣では今度は徳川方に付き、長《た》けていた土木工事の技術で家康と秀忠の本陣を作ったという。徳川の天下統一の後、家康よりお墨付きをもらい繁栄を極めて行く。

余談ではあるが、この淀屋が店先で始めた「米市」は、後に世界的な先物取引の先駆けと言われる堂島米市場の礎を築いている。

さて、淀屋は財政難に陥った大名に貸し付けを行なうなどしながら莫大な富を一手に集め、その資産は一〇〇万石の大名をしのぐと言われたほどだ。ただその後、一七〇五年の五代目廣當の時代に江戸幕府より闕所《けっしょ》処分という、財産没収の上お家取り潰しの憂き目に遭った。当時の淀屋の資産は莫大な規模で、大名への貸付金は現在価値で一〇〇兆円ほどと巨額であったとされる。処分の理由は、「町人らしからぬ派手な生活でけしからん」という理不尽なものであったが、もう一つ幕府として大名の借金の帳消しを狙ったとも考えられている。

江戸時代は、その後も一七八九年の棄捐令（寛政の改革）により財政難に陥った旗本・御家人の債権放棄・債務繰延べをさせ、一八四三年の無利子年賦返済令（天保の改革）でも、やはり旗本・御家人に貸し出した債権をすべて無利子にした上で二〇年分割での返済と定めている。「改革」と名前が付いているため、民衆が望む革新的なことが行なわれたのかと言えばまったくそうではなく、民（商人）に債権放棄や利子放棄を強いる政策だったのである。

そして、極め付けは江戸幕府が崩壊した「明治維新」である。明治維新と呼ぶと聞こえはよいが、江戸の人はそれまでの制度が崩壊するということで「瓦解」と呼んだ。そしてその時、新政府は棄捐令を参考にして、すべての藩においてこれまでの債務が全部放棄させられているのだ。

人が生きるのは、長くてもせいぜい一〇〇年前後だから一九四五年の国家破産を実体験として記憶している人はいまやかなり少なくなり、ほとんどの人は経験したことはない。また、経験した人も一度だけのことだから、国家破産は極めて特別なことで起きるはずもないものと考えているだろう。

しかし歴史を紐解くと、この日本において国（または幕府などの当時の中枢機関）は行き詰まるとガラガラポンを必要とし、それを実行しているのである。そして、その被害を受けるのは国ではない。いつの時代も借金を許容している側、〝貸し手〟なのである。そして今回は、国債という借金がガラガラポンになるわけで、貸し手である民間企業や国民は大いなる負担を強いられるだろう。

国による強力な規制で資産激減

国が行なうガラガラポンは、かなり強力である。まずやってくるであろうインフレならまだ自由がある分、何とか対応できるかもしれないが、今度は規制で縛られるわけで難易度が格段に上がる。

では、国家破産時に国はどのような規制や策を用いてくるのか。それは第二次世界大戦後の日本で用いられたものや過去に国家破産、またはそれに近しいことが起きている諸外国の事例を研究すると見えてくる。「こんな規制などするはずがない」、まさに「まさか!」ということまで国は実際に行なっているのだ。

それは、外貨や金《きん》の強制的な換金である。基本的に国そのものが非常事態に陥っているわけであり、その時点ではすでにかなり強烈なインフレの真っ只中にいるわけである。そんな中で、インフレに強いとされる資産である外貨や金《きん》を、インフレで価値が目減りしている最中の自国の通貨に変換することを要求してくるのだ。まるで、吹雪が吹きすさぶ中で着ているコートを取り上げるような行為である。それを、強制的にやるのである。外貨を自国の通貨に変換させる行為は、アルゼンチンなどで実際に行なわれている。

ここで気を付けたいことは、極端なインフレが生じている際には外貨を自国通貨に交換する際、二つのレートが生じていることだ。一つは政府が発表しているレート、そしてもう一つは実際に市中で暗黙のルールになっているレート。この時、政府が発表しているレートはもう一つのレートに比べて非常に悪い。場合によっては何倍も差が生じているケースもある。そして、国が強制的に外貨を自国通貨に交換させる時はこの不利なレートを採用するわけで、無理やり交換される側としてはたまったものではない。

もう一つ、金《きん》の交換も同じようなことで、これは大恐慌時代のアメリカで採られた政策だ。対米ドルで金《きん》が値上がりを続ける中で、金《きん》を米ドルに交換させたのである。それに従わなかった際には、罰金もしくは懲役ということでこれもやはり強制力があった。

ただ、金《きん》についてはもっと厳しい処置を採った国もある。混乱が続いたエジプトでは、金《きん》を売却しようと業者に持ち込んだ際、そのまま国が金《きん》を没収するということをしているのだ。もっとも、この没収ということでは国家破産したロシアの方がひどく、なんと銀行の貸金庫を開けさせて中身をすべて没収する暴挙に出たという。

次に、増税に触れよう。国が合法的に国民の財産を徴収できる手段だ。何に対して増税をするか気になるかもしれないが、一番気を付けたいのは〝財産税〟である。稼いだ資産に対する税金ではなく、持っている資産に対しての税金だ。

これは、すでにあるような不動産の固定資産税のようなものに対する増税かもしれない。実際に、二〇一〇年のギリシャ危機の際にはギリシャの不動産にたっぷり税金がかけられ、保有していた富裕層は困惑したという。不動産という最も動かしにくい資産の税金を高くするわけで、国としては税金を取りやすいわけだが、いやらしい方法である。

このように、国はまず取りやすいところから税金をかけて行くわけだが、それでも足りない場合には預金封鎖の上、財産税という強硬手段に出ることも想定しておいた方がよい。預金封鎖というと銀行だけを封鎖することと捉えられるかもしれないが、目的は国民の資産の流れを一旦止めて把握した上で確実に税金を取れるようにすることで、すべての金融機関が対象になると考えた方がよい。そして、すべての資産も対象となり、その中で税金がかけやすい資産などが考慮されて増税されることになるだろう。

日本で戦後に預金封鎖が行なわれた際も、預金に限らず株や保険、土地、金《きん》などすべての資産が把握される対象になっているのだ。もっとも、この時は自己申告制だったので、ある程度抜け道があったようだ。

そして最後の手段は踏み倒し、「徳政令」である。これには、二つやり方がある。一つ目は「国債を紙キレにする」こと、つまり国が負った借金に対して〝払わない〟と開き直る行為である。これはそう簡単にできる方法ではない。契約不履行を意味するわけで、体裁にこだわる国としてはやりたくない方法だ。

そして、そんな方法を使わなくても、国としてはそれよりももっとよい方法がある。それは、もう一つの方法、「国債に対しての一〇〇％課税」である。結果は同じだからどう違うのかは不明だが、実際にこの方法は戦後の日本で行なわれている。国が補償した売掛金である戦時補償請求権に対して、「戦時補償特別税」という名目で一〇〇％課税しているのだ。もっとも当時は、日本を支配していたＧＨＱが軍需産業への補償を許さなかったという背景があるが、それでも過去に一度行なっているという点がポイントである。

なにしろ、国は体裁にこだわるのだ。なにせ、日銀がせっせと国債を購入しているにも関わらず、間に銀行を一瞬通すだけで財政ファイナンスではないと言い切っているくらいである。こうした国なら、過去行なった事例があれば喜んで仕掛けてくる可能性がある。その策が一つなのか、複数なのか、あるいは全部なのか。いずれしても、こういった強硬策によって、あなたの資産はさらに五分の一にまで削られるのである。

第四章　社会保障は一〇年後に壊滅

——介護、医療、年金はどうなる

人生で本当に重要な瞬間は、手遅れになるまでわからない。

（アガサ・クリスティ）

空洞化が止まらない公的年金

国家破産により、国民の多くが厳しい生活を強いられる。特に、年金生活者など国からの給付を頼り生活している人たちは、深刻な打撃を受けることが避けられない。お金を出す国が破綻してしまえば、それまでの給付額が滞りなく支払われるはずもない。年金、医療、介護など社会保障制度の各財政状況も厳しさを増すばかりだ。

本章では、わが国の社会保障制度の実情について詳しくお伝えしよう。

日本の公的年金は、「世代間扶養」の仕組みを採る。現役世代が納める保険料から高齢者に年金を支給するわけだ。この仕組みは、保険料を納める現役世代が多く年金を受給する高齢者が少ない状況では、上手く機能する。しかし少子高齢化が進むと、財政はひっ迫する。現役世代の減少によって保険料収入が減り、高齢者の増加によって年金給付が増えるからだ。

厚生労働省によると、二〇一九年度末の公的年金の支給総額（公的年金受給者の一年分の年金額の合計）は五五・六兆円にのぼる。GDPの約一割に相当する巨額の資金が、年金給付に充てられているわけだ。年金の実受給権者数が四〇四〇万人、支え手である加入者は六七六二万人で、現役一・七人弱で受給者一人を支える構図になっている。今後も少子高齢化はますます進むから、年金支給額はさらに膨張し、その一方で保険料収入は減少が予想される。

受給者一人を支える現役世代の人数は、さらに少なくなって行く。長引く景気の低迷に加え二〇〇七年に発覚した年金記録問題などもあり、年金制度自体への不信も根強く、保険料を払わない、あるいは払えない人も多い。二〇一一年度には、国民年金保険料の納付率は六年連続の低下となり、過去最低の五八・六％を記録した。当時は非正規労働者の割合が増えたこともあり、若い世代の納付率が特に低く、二〇歳代の納付率は五〇％を割り込む状況であった。

意外なことに、その後、納付率は改善している。納付率は二〇一二年度以降九年連続で上昇し、二〇二〇年度は七一・五％まで回復した。保険料の納付率が七割ということは、三割の人は保険料を払っていないと考えるのが普通だろうが、実態はさらに深刻だ。実は、国民年金保険料納付率の計算には、所得が低く保険料の支払いを猶予、あるいは免除されている人たちは含まれていないのだ。国民年金の加入者は一四四九万人いるが、そのうち全額免除や納付猶予を受けている人は六〇九万人と過去最多にのぼる。新型コロナウイルスの感染拡大による、経済および雇用情勢の悪化が影響したと見られる。

これらの人たちを含めた実質納付率は、二〇二〇年度で四〇・七％しかない。つまり、保険料を払っている人は半分以下で、もはや多数派ではないのである。

公的年金への加入は国民の義務だが、支給される年金は加入していた期間と支払った保険料に応じた金額になる。保険料を払わなければ、その分の年金は支給されない。保険料の免除や納付猶予が認められれば、その期間は年金の受給資格期間に算入される。ただし、免除期間については将来の年金額は減額され、納付猶予になった期間は年金額には反映されない。

免除や納付猶予は受給資格期間に算入される分、未納よりはるかにマシだが年金額の減額は当然、本人の老後の生活に響く。保険料不払いのツケは本人だけに留まらない。未納者が増えれば、それだけ年金財政は悪化するから保険料を上げるか給付を減らさなければ財政悪化に歯止めをかけることはできない。これは、厚生年金に加入するサラリーマンも無関係ではない。厚生年金には基礎年金部分があるが、この部分は国民年金に相当する。この共通部分の財政が傷むわけだから、サラリーマンにも影響がおよぶことになる。

サラリーマンの場合、厚生年金保険料は給与から天引きされるから未納者はほとんどいない。しかし、厚生年金の財政も安定しているとは言い難い。サラリーマンの給料が減少傾向にあるからだ。国税庁の『民間給与実態統計調査』によると、二〇一九年の給与所得者の平均年収は前年比一・〇%減の四三六万円であった。戦後、サラリーマンの給与は経済成長に比例して右肩上がりで上昇を続けたが、バブル崩壊により上昇は止まった。一九九三年には戦後初めて前年比で減少となり、二〇一二年には四〇八万円まで落ち込んだ。

大まかに言って、日本のサラリーマンの給与は三〇年もの間、上がっていない。大卒初任給も約二〇万円で、三〇年前とほとんど変わらない。これほど長期間給料が上がらない日本で暮らしていると、それが普通だと感じる人が多いかもしれないが、国際的に見ると極めて異常な状況だ。

一三三ページの図はＯＥＣＤ（経済協力開発機構）のデータを基に作成した、過去三〇年間の主要国の平均賃金の推移を示したものだ。このグラフを見れば一目瞭然だが、この三〇年間、日本以外の多くの先進国で給料は上がっているのだ。一九九〇年当時は日本の平均賃金も欧州諸国に引けを取らなかったが、それから三〇年が経過しその差は広がる一方だ。いまや、日本の平均賃金はアメリカの六割程度に留まる。さらに衝撃的なのは、グラフにはないが韓国の平均賃金（四万二二八五ドル）をも下回るという事実だ。

厚生年金の保険料は、給与額（正確には標準報酬月額）により増減する。給与が増えなければ、保険料収入も増えない。ましてや現役世代の人口が減っているわけだから、その分保険料収入は減る。厚生年金の保険料は労使折半になっているため、企業の負担も軽くない。そのため、悪質な事業所の中には加入義務があるにも関わらず、厚生年金に未加入のところも少なくない。

わが国の国民年金（老齢年金）は、納付期間が一〇年に満たなければ一切支給されない。年金の未納者が増えれば、将来的に無年金者も増える。老後を迎え働くこともできず年金も出ないとなれば生活保護を受けるしかなく、今後、生活保護を受ける人の増加も避けられない。

すでに昨今の景気低迷を受け、生活保護世帯数は大幅に増えている。九〇年代半ばは六〇万世帯程度であったが、二〇〇五年度には一〇〇万世帯を突破、二〇一七年度は約一六四万世帯と過去最高を記録した（一ヵ月平均のデータ）。特に高齢者世帯の増加が目立ち、すでに生活保護受給世帯数の半分以上を高齢者世帯が占める。

生活保護費は、国が四分の三、地方自治体が四分の一を負担している。生活保護費は増加傾向で推移し、二〇〇九年度にはついに三兆円を突破し、足元では三・八兆円に達して国および地方の財政を圧迫している。年金制度の状況を見れば、今後も生活保護世帯は増え続ける可能性が高い。

世界主要先進国の平均賃金の推移

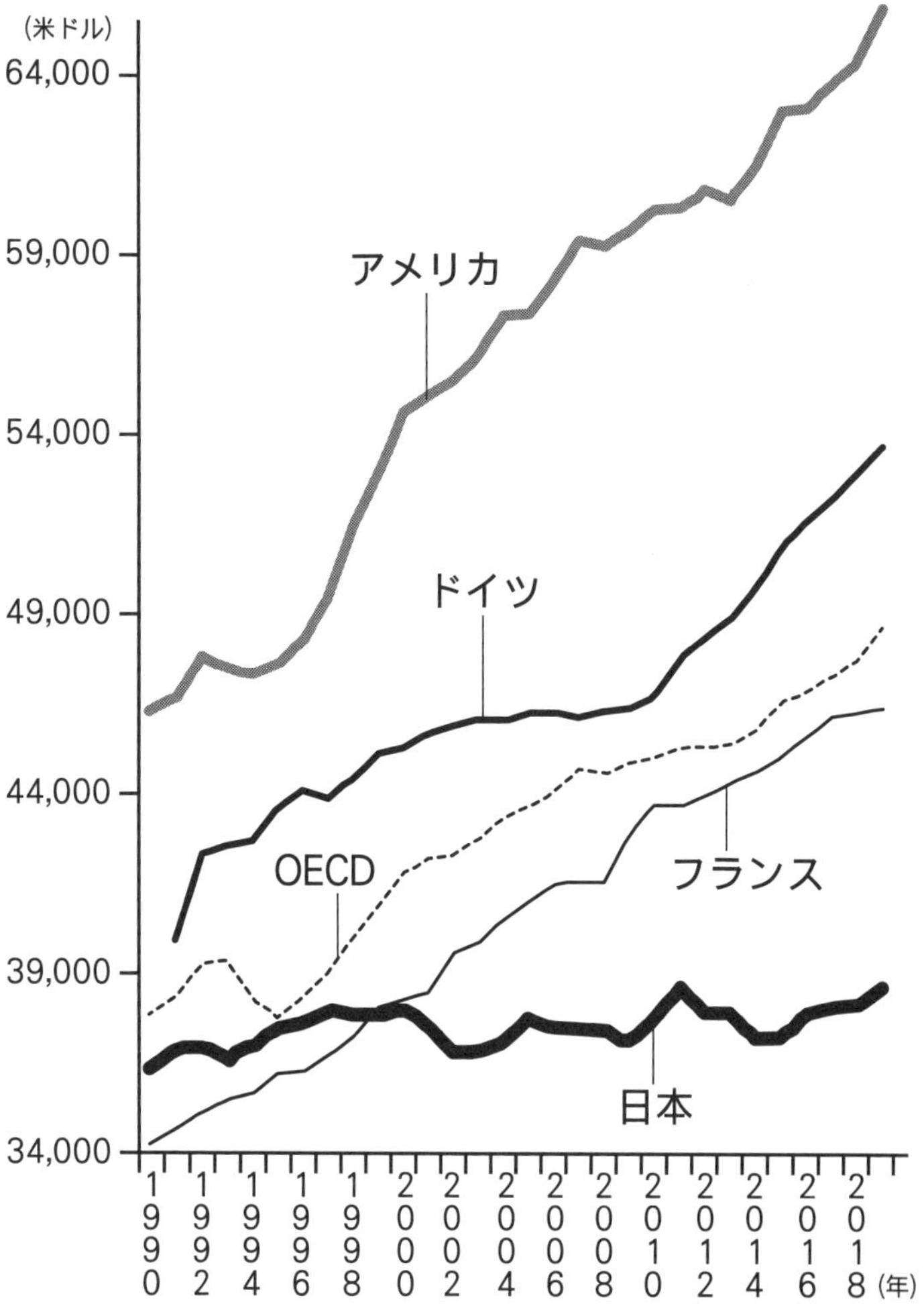

OECDのデータを基に作成

「老後二〇〇〇万円問題」が問いかけたものとは?

二〇一九年には、いわゆる「老後二〇〇〇万円問題」が物議を醸《かも》した。「老後に約二〇〇〇万円の貯蓄が必要」とした金融庁の報告書だ。これは、総務省の家計調査が根拠になっている。

二〇一七年の同調査によれば、高齢夫婦（夫六五歳以上、妻六〇歳以上）の無職世帯の一ヵ月の平均収入は約二〇・九万円（うち、年金収入が約一九・一万円）、平均支出は約二六・四万円となっている。差し引きの赤字額は毎月約五・五万円となり、老後を三〇年間生きると約二〇〇〇万円が不足するというわけだ。この試算はあくまでも平均的なモデルがベースになっており、言うまでもないが実際にはこのモデルとは大きく異なる家計が多く存在する。また、収支については、現在の高齢世帯の家計を調査した結果であり、ひと言で言うと現在の高齢夫婦世帯の家計には多少の余裕があることが示されている。

「毎月五・五万円の赤字で、どこが余裕なのか？」と思われるかもしれない。しかし、全体としてわが国の高齢世帯には多くの貯蓄がある。同調査によれば、高齢夫婦無職世帯の平均純貯蓄額は二四八四万円である。あくまでも平均ではあるが、現在の高齢夫婦世帯は、毎月の収支は五・五万円の赤字ではあるものの、貯蓄が約二五〇〇万円あるため老後を三〇年間過ごすのに何ら問題ないということだ。また、常識のある大人なら、収入と支出、そして貯蓄のバランスの上で身の丈に合わせて家計をやり繰りしている。高齢夫婦世帯の多くも、もちろんそうだろう。彼らには月に二〇・九万円の平均収入があり、貯蓄がまったくなければ当然、支出を二〇・九万円以内に収めなければ家計は持続不可能だが、彼らには二五〇〇万円の貯蓄があるから月に五、六万円程度取り崩して老後の暮らしに多少のゆとりを持たせようというわけだ。

お金を持っている人が、必要以上に我慢することはない。逆に、現在の高齢夫婦世帯にほとんど貯蓄がなかったとしたら、彼らは月に二〇・九万円の収入の範囲内で暮らしていたに違いない。

いずれにせよ、二五〇〇万円の貯蓄額に対して、不足とされる老後資金は二〇〇〇万円だから、差し引きで五〇〇万円ほど余る。つまり、平均的には現在の高齢夫婦世帯にとっては家計収支の二〇〇〇万円の不足は、まったく問題にならないということだ。

これをもって「老後二〇〇〇万円問題など存在しない」などと言う専門家もいるがそれは早計だ。先に述べたように、多くの常識のある人は、身の丈に合わせて家計をやり繰りしている。高齢世帯でも月に五〇万円とか一〇〇万円も収入がある世帯ならかなり贅沢な暮らしが送れるだろうし、逆に月に一〇万円、いやそれ以下の収入しかなければ生活費を切り詰めて暮らして行くことになる。

ただ、これから老後を迎える人が初めから後者の生活を望むだろうか？

公的年金はいくら支給されるのか？

総務省の家計調査が示す年金収入（約一九・一万円）は、あくまでも平均であり、誰もがこの金額に近い年金を受給できるわけではない。実際の受給額は、加入する年金保険の種類や加入期間により、かなりの違いがある。厚生労働省が発表する「厚生年金保険・国民年金事業年報」（令和元年度）によると、高齢者の月ごとの平均年金受給額は、老齢厚生年金受給者で約一四・六万円（基礎年金を含む）、国民年金受給者で約五・六万円となっている。夫婦で自営業を行ない国民年金に加入する世帯も多いが、彼らの年金収入は仮に満額受給できたとしても、二人分で約一三万円にしかならない。

このように、公的年金はそれのみで老後の生活をすべて賄えるものではない。多くの高齢者は、貯蓄を取り崩したり貯蓄がなければ節約に励むなどしながら暮らしているわけだ。状況は厳しいが、「何とかやって行ける」と思われるかもしれない。しかし、これら年金収入のデータは現時点（二〇一九年度）のものだ。年金財政の悪化を考えれば、これから老後を迎える国民が受給できる年金額は減額が避けられない。

将来の年金受給額の見通しについては、厚生労働省が公表する「財政検証」

の中で示されている。「年金一〇〇年安心プラン」が示された二〇〇四年の年金改革以降、所得代替率（現役世代の手取り収入に対する公的年金の受給額の割合）を少なくとも五〇％以上維持することが事実上、国民に対する政府の約束になっている。

ちなみに、二〇一九年度の所得代替率は六一・七％で、現役男子の平均手取り収入額三五・七万円に対し、年金収入は二二万円（夫婦二人の基礎年金一三万円と夫の厚生年金九万円の合計額）となっている。

二〇一九年の財政検証では、夫が会社員で六〇歳まで厚生年金に加入、妻は専業主婦という世帯をモデルとして、経済状況により〔六つのケース〕が示された。所得代替率が最も高いのは〔ケース1〕で、五一・九％となった。〔ケース1〕は名目賃金上昇率三・六％、運用利回り五・〇％とかなり高い経済成長を前提としており、さすがに所得代替率は五〇％を上回る。

一方、名目賃金上昇率〇・九％、運用利回り一・三％を前提とする最も低成長の〔ケース6〕では、非常に厳しい試算結果が示された。「機械的に給付水準調整を進めると二〇五二年度に国民年金の積立金がなくなり完全賦課方式に移行。その後、保険料と国庫負担で賄うことができる給付水準は、所得代替率三八％～三六％程度」と試算している。

バブル崩壊後の経済成長がほぼゼロに近いわが国で、〔ケース1〕の実現可能性は非常に低いと考えられ、所得代替率五〇％の維持は容易ではないと言える。仮に、所得代替率五〇％を維持できたとしても、年金収入は現在よりもかなり減る。現役男子の平均手取り収入額三五・七万円に対し、年金収入は夫婦二人で約一七・九万円になる計算だ。現在よりも月に約四万円少ない額だ。もしも、所得代替率三八～三六％の〔ケース6〕の状況に陥ると、年金収入は約一三・六万～一二・九万円となり、現在よりも八万～九万円程度も減る。

所得代替率六一・七％の現在は、二二万円の年金収入が得られ何とか家計をやりくりできるとしても、今後は〔ケース1〕という実現が非常に困難な最善のシナリオでも一八万円程度、〔ケース6〕の最悪のシナリオだと一三万円程度の年金収入しか得られないということだ。金融庁の報告書が示す「毎月の赤字

2019年財政検証の前提

		将来の経済状況の仮定		経済前提				(参考)
		労働力率	全要素生産性（ＴＦＰ）上昇率	物価上昇率	賃金上昇率（実質〈対物価〉）	運用利回り 実質〈対物価〉	運用利回り スプレッド〈対賃金〉	経済成長率（実質）2029年度以降20〜30年
ケース1	内閣府試算「成長実現ケース」に接続するもの	経済成長と労働参加が進むケース	1.3%	2.0%	1.6%	3.0%	1.4%	0.9%
ケース2	内閣府試算「成長実現ケース」に接続するもの	経済成長と労働参加が進むケース	1.1%	1.6%	1.4%	2.9%	1.5%	0.6%
ケース3	内閣府試算「成長実現ケース」に接続するもの	経済成長と労働参加が進むケース	0.9%	1.2%	1.1%	2.8%	1.7%	0.4%
ケース4	内閣府試算「ベースラインケース」に接続するもの	経済成長と労働参加が一定程度進むケース	0.8%	1.1%	1.0%	2.1%	1.1%	0.2%
ケース5	内閣府試算「ベースラインケース」に接続するもの	経済成長と労働参加が一定程度進むケース	0.6%	0.8%	0.8%	2.0%	1.2%	0.0%
ケース6	内閣府試算「ベースラインケース」に接続するもの	経済成長と労働参加が進まないケース	0.3%	0.5%	0.4%	0.8%	0.4%	▲0.5%

厚生労働省ＨＰのデータを基に作成

2019年財政検証結果（所得代替率）

高

経済前提	給付水準調整終了後の標準的な厚生年金の所得代替率	給付水準調整の終了年度
ケース1	51.9%	2046年度
ケース2	51.6%	2046年度
ケース3	50.8%	2047年度
ケース4	50.0%	2044年度
	(注) 46.5% (注) 機械的に給付水準調整を進めた場合	2053年度
ケース5	50.0%	2043年度
	(注) 44.5% (注) 機械的に給付水準調整を進めた場合	2058年度
ケース6	50.0%	2043年度
	機械的に給付水準調整を進めると2052年度に国民年金の積立金がなくなり完全賦課方式に移行。その後、保険料と国庫負担で賄うことができる給付水準は、所得代替率38%～36%程度	

低

額五・五万円、老後三〇年間の不足額二〇〇〇万円」では収まらなくなる。

仮に、年金収入が一五万円になったとしよう。これを同報告書が試算の根拠とする総務省の家計調査に単純に当てはめると、毎月の赤字額は約一一・四万円になり、老後三〇年間の不足額は四〇〇〇万円を超える。

いずれにしても、年金受給額が減ることはほぼ確実で、年金収入だけで老後の生活を送ることはますます困難になる。二〇〇〇万円の貯蓄があっても、老後の生活は厳しくなるわけだ。「老後二〇〇〇万円問題は存在しない」などという暴論を本気にして、現実から目をそらしてはいけない。老後に「二〇〇〇万円が必要」なのは現時点の話であって、将来は「二〇〇〇万円あっても足りない」状況に陥るのは間違いない。

ハイパーインフレで年金の実質的価値はさらに激減

さらに、日本の場合は国家破産に伴うインフレというリスクがある。現在の

老後「2000万円問題」は「4000万円問題」に！？

現　在

■高齢夫婦無職世帯の収入・支出（月間）

収入：　209,000円
支出：　264,000円

赤字額：▲5,5000円

老後30年間に不足する金額

5,5000円（毎月の赤字額）×12ヵ月×30年

＝**▲1,980万円**

将　来

■高齢夫婦無職世帯の収入・支出（月間）

収入：　150,000円
支出：　264,000円
（財政検証の所得代替率を参考）

赤字額：▲11,4000円

老後30年間に不足する金額

11,4000円（毎月の赤字額）×12ヵ月×30年

＝**▲4,104万円**

出所：総務省「家計調査」（2017年）

破滅的な財政状況を考えれば、ハイパーインフレも絵空事ではない。仮に、年率一〇〇%のインフレが一〇年間続いたとしよう。物価は一年で二倍、二年で四倍、三年後には八倍と上昇し、一〇年後には一〇二四倍になる。

物価が上昇すれば年金支給額も増額されるが、前年の消費者物価指数の変動に応じ、翌年四月から年金額が改定される仕組みだ。つまり、年金額の改定は後追いだから、基本的にその時点の物価上昇に追い付くことはない。ましてや、ハイパーインフレのような激しいインフレになれば、物価上昇率と年金額の上昇率とのギャップが大きく広がるのは間違いない。

一〇年間、年率一〇〇%のインフレが続く中で、仮に年金額が年率八〇%で増加したとしよう(ハイパーインフレ下ではかなり甘い試算とは思うが……)。年金額は一年で一・八倍、二年で三・二倍、三年後には五・八倍と増加し、一〇年後には三五七倍になる。年率一〇〇%のインフレ率と比べてみてほしい。一年後は物価が二倍になるのに対し、年金額は一・八倍になるから物価上昇に対して九割の年金額が維持される。家計は厳しくはなるが、何とかやりくりで

年率100%のインフレが10年間続き、年金額が年率80%増加すると

	物価	年金額
1年後	2倍	1.8倍
2年後	4倍	3.2倍
3年後	8倍	5.8倍
⋮	⋮	⋮
10年後	1024倍	357倍

■10年後には、年金額が357倍に増えるが、
物価は1024倍に上昇する。そのため、
年金額の実質的な価値は約3分の1に激減。

つまり、
年金収入15万円なら、
実質5万円ということ。
あなたは
月5万円で生活
できますか？

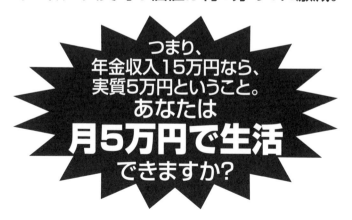

きるレベルだ。

　ところが、時間の経過と共に両者のギャップはとてつもなく広がって行く。三年後には物価が八倍になるのに、年金額は五・八倍にしかならない。物価上昇に対して、年金額は七割の水準に留まる。こうなると、ほとんどの家庭で、節約でやりくりできる限界を超えてしまうに違いない。そして、一〇年後には物価が一〇二四倍、年金額は三五七倍となり、両者の差は約三倍に開く。これは、実質的な年金額が約三分の一に激減することを意味する。

　インフレを考慮しない年金収入を月一五万円とすると、その実質的な価値は五万円ということになる。つまり、月に五万円の収入で生活して行かなければならないわけだ。総務省の家計調査より支出を二六・四万円とすると、毎月の赤字は二一・四万円となり、老後三〇年間で不足する金額は七七〇四万円となる。こうなると、もはや生き残れるのは富裕層のみで、一般庶民の生活は完全に破壊される。

ひっ迫する医療保険財政

医療保険財政も厳しい状況だ。ご存じのように、わが国では「国民皆保険制度」が導入されている。すべての国民は何らかの医療制度に加入し、病気やけがをした場合には医療給付を受けられる。国民の誰もが、保険証を一枚持って行けば病院で診察や治療を受けることができる。保険が適用される一般的な診療であれば、患者が負担するのは診療費の三割に過ぎない。

さらに自己負担の上限額が定められており、上限額を超えた金額が支給される「高額療養費制度」もある。たとえば、四〇〇～五〇〇万円程度の平均的な年収のサラリーマンが病気やけがで入院し、医療費が一〇〇万円かかったとしよう。自己負担は三割だから通常は三〇万円の負担になるわけだが、実際の負担額は九万円程度だ。残りの約二一万円が「高額療養費」として支給される。一〇〇万円の医療費がかかっても、自己負担は一割にも満たないわけだ。

このような制度のお陰で、私たちはそれほど医療費のことを気にせずに安心して受診することができる。これは日本に住む私たちにとって常識であり、ごく当たり前の話だ。しかし、わが国でも一九五五年頃までは国民の約三分の一に相当する約三〇〇〇万人が無保険者で、大きな社会問題になっていた。その後一九五八年に国民健康保険法が制定され、一九六一年に現在の国民皆保険制度が確立した。現在の「国民皆保険制度」は六〇年程度の歴史しかなく、決して当たり前の制度ではない。

いずれにしても、国民皆保険制度により私たちは十分な医療を非常に安い自己負担で受けることができるわけだ。国民皆保険制度が、世界トップレベルの平均寿命の実現に寄与したことは疑いの余地がないだろう。

なぜ、このような大盤振る舞いが可能だったかというと、それはかつての日本が若く、豊かな国だったからだ。現在の国民皆保険制度が導入された一九六一年当時は、日本人の平均年齢は今とは比較にならないほど若く、高度経済成長期にあった。一般的に、若い人は保険料を支払う支え手になる一方で病院にかかることも少ないから、給付と負担のバランスは十分取れていた。

ところが、少子高齢化が急速に進む中で給付と負担のバランスは大きく崩れてしまった。バランスを保つには大盤振る舞いをやめ、給付を減らすか負担を増やすしかない。近年、政府も自己負担額や保険料の引き上げなどの「改革」に取り組んではいるが、少子高齢化に伴う財政悪化のスピードにはまったく追い付かない。

二〇一八年度の国民医療費（病気やケガの治療のために医療機関に支払われた医療費の総額）は約四三・四兆円、一人当たりで三四・三万円といずれも過去最高を更新した。国民所得に対する比率は一〇・七三％と、二〇〇九年度以降、一〇年連続で一〇％を上回る。そのうち六五歳以上の医療費は約二六・三兆円と全体の六割以上を占め、一人当たりの医療費も七三・九万円に跳ね上がる。高齢者人口が増加する中、今後も医療費の増加は避けられず、政府は二〇四〇年度には六六・七兆円にのぼると推計している。

国民健康保険の加入者は四割が無職で、収支均衡は不可能

おのずと各健康保険の財政状況も厳しさを増す。特に厳しいのが「国民健康保険」（国保）だ。国保には自営業者、農林水産業者、パート労働者など二六六〇万人が加入している。加入者の内訳を見ると、最も多いのは自営業者でもパート労働者でもない。なんと、年金生活者や失業者などの無職者なのである。その割合は、全体の実に四割を超える。定年退職により職場の健康保険を脱退したサラリーマンが国保に加入するためだ。加入者の年齢層も高く六五歳～七四歳が全体の四割、四〇歳～六四歳が三割を超え、四〇歳以上が七割を占める。

当然、加入者の所得は全体として低くなるから、定められた保険料を払えない人も少なくない。国保には「収入状況によって保険料を軽減する制度」があるが、なんと加入者の六割がこの軽減制度を利用しているという。規定の保険料を払っている人は、四割しかいないのだ。

国保というと、主に自営業者のための保険をイメージする人が多いと思うが、現在は主にリタイアした年金生活者のための保険となっているのが実態だ。この状況で収支のバランスが取れるはずがなく、赤字体質が続く。国が財政支援を大幅に拡充したこともあり、二〇一八年度には実質的な収支が初めて黒字になったが、翌二〇一九年度には実質収支は九三六億円の赤字となった。

頼みの「大企業健保」も八割が赤字

大企業の社員などが加入する「健康保険組合」の財政状況は、当然国保に比べればはるかに健全性を保持しやすい。ところが、この健保組合の財政も急激に悪化している。健保組合では、加入者の医療費にかかる給付だけでなく、高齢者の医療費を支える支援金なども拠出している。高齢化の影響で拠出額は増加の一途をたどり、二〇二一年度は福利厚生部分などを除いた支出の実に四七％を占める。全国に約一四〇〇ある健保組合のうち、約三分の二が赤字だ。

さらに、新型コロナウイルスの感染拡大により保険料収入が減少し、財政悪化に拍車をかけている。健康保険組合連合会（健保連）がまとめた二〇二一年度の予算集計によると、赤字を見込む組合は全体の七八％となった。コロナ前の二〇一九年度は三五％であったから、コロナにより赤字組合は倍増した。

収支が赤字になれば当然、保険料も引き上げられる。二〇二一年度の平均保険料率は九・二三％となり一〇％に迫る。健保組合にとって、保険料率一〇％という数字は重要な意味を持つ。中小企業の従業員らが加入する「全国健康保険協会」（協会けんぽ）の料率が、全国平均で約一〇％なのだ。健保組合の保険料率が一〇％を上回った場合、企業が自前の健保組合を持つ必要性は低下する。

そのため近年、健保組合を解散して「協会けんぽ」に移るケースが増えている。二〇一九年には、派遣労働者とその家族が加入する「人材派遣健康保険組合」が、高齢者医療負担金の増加と財政悪化を理由に解散を決めた。同組合には約五一万人が加入しており、協会けんぽへの移行者数は過去最多となった。

実は、収支の均衡に必要な保険料率は、すでに一〇％を超えている。二〇二一年度は一〇・〇六％と過去最高を更新した。予備費や積立金の取り崩しで対応し、何とか保険料率を一〇％以内に抑えているのが実態だ。

二〇二二年度には、団塊の世代が七五歳以上の後期高齢者になり、拠出額が一段と膨らむ「二二年危機」が想定されており、解散を決める組合がさらに増える可能性が高い。協会けんぽに比べ健保組合は給付が手厚く、しかも保険料率が低い。健保組合が解散して協会けんぽの被保険者になると、おのずと負担は増すことになる。いずれにせよ、今後、わが国の医療保険財政はますますひっ迫し、保険料の引き上げ、患者負担割合の増加は避けられない。

介護保険の財政状況も厳しい

わが国の介護保険制度は、二〇〇〇年の開始から二〇年ほどが経つが、その間要介護・要支援の認定者数は増加の一途をたどる。二〇一八年度の要介護・要支援認定者数は六五八万人と、発足当初から約二・六倍に増えた。介護費用の総費用も、二〇二一年度（予算ベース）で一一・八兆円と四倍近くに膨らんだ。

総費用は今後も増え続け、二〇二五年度には一五・三兆円に達すると政府は推計している。利用者本人の負担は、当初費用の一割だったが、現在は一定以上の所得者については二割または三割負担となっている。残りは税金と保険料で五〇％ずつ賄われている。介護保険料も、発足当初の二九一一円（六五歳以上の全国平均）から五八六九円へと約二倍に引き上げられている。急速な高齢化が進む中、制度を持続するには利用者の負担割合、保険料共にさらなる引き上げが避けられない状況だ。現在、介護保険料は四〇歳以上が負担しているが、対象年齢の引き下げもあり得る。

わが国の介護保険制度では、介護サービスを受ける人の状況に応じて、「要支援1、2」「要介護1～5」の七段階に分かれており、それぞれの段階に応じて支給限度額が決められている。たとえば、「要支援1」であれば月五万三二〇円、「要介護5」であれば月三六万二一七〇円が上限である。その一割（一定以上の所得者については二割または三割）が自己負担となる。また、限度額を超えた

増え続ける高齢者人口と社会保障給付費の見通し

■増え続ける高齢者人口

	2015年	2020年	2025年	2055年
65歳以上高齢者人口（割合）	3387万人（26.6%）	3619万人（28.9%）	3677万人（30.0%）	3704万人（38.0%）
75歳以上高齢者人口（割合）	1632万人（12.8%）	1872万人（14.9%）	2180万人（17.8%）	2446万人（25.1%）

厚生労働省のデータを基に作成

■将来の社会保障給付費の見通し

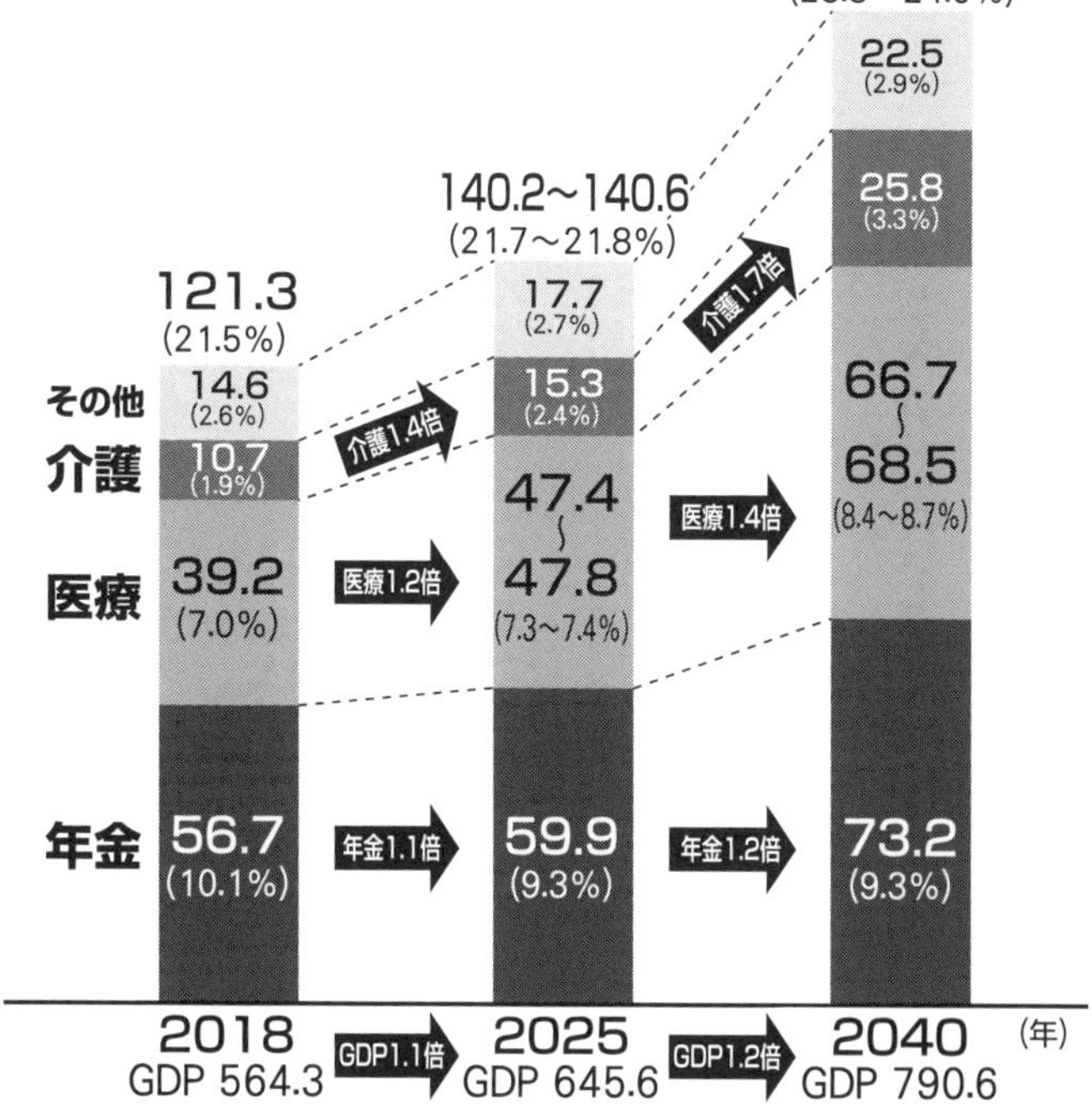

財務省のデータを基に作成

部分については全額自己負担となる。

実際にかかる介護費用は、介護を受ける人の状況により大きく異なるが（財）生命保険文化センターのホームページに、「要介護3」と認定された六二歳の男性が在宅介護を受ける場合のケアプラン例が紹介されている。

それによると、訪問介護、訪問看護、デイケア、ショートステイ、福祉用具貸与で二八万二二四〇円の費用がかかる。「要介護3」の介護保険支給限度額は二六万九三一〇円だから、その一割の二万六九三一円と支給限度額超過分の一万二九三〇円、介護保険対象外のショートステイ利用料七五〇〇円を加えた四万七三六一円が一ヵ月の自己負担額になる。この例では、介護保険の自己負担が一割なので実際の負担はかなり抑えられているが、介護保険財政の現状を考えれば将来的には自己負担額は増えて行くと考えるのが妥当だろう。

かつて、サラリーマンの医療費の自己負担は一割であった。それが一九九七年に二割になり、二〇〇三年に三割に引き上げられた。介護保険にしても、これと同じ道をたどらないとは言い切れない。

日本の社会保障に未来はあるか？

述べてきたように、わが国の社会保障制度は「年金」「医療」「介護」のいずれの分野についても、財政状況が厳しく、制度の持続可能性については危うさを否めない。急速な少子高齢化が各保険制度の給付と負担のバランスを崩し、財政を悪化させている。

高齢化は、まだまだ進む。二〇二〇年時点の六五歳以上の高齢者数は三六一九万人で、高齢化率は二八・九％に達する。高齢者数のピークは、二〇四二年に三九三五万人と予測されている。さらに、七五歳以上の後期高齢者数も増加が続く。二〇五五年には六五歳以上の人口が三七〇四万人、七五歳以上の人口が二四四六万人、全人口に占める割合は六五歳以上が三八％、七五歳以上が二五・一％と見込まれている。

高齢化が進むほど、特に医療や介護の現場はもちろん、制度そのものにも大きな負荷がかかる。一人当たりの医療費は年齢が上がるほど増加し、要介護の認定率も年齢が上がるほど上昇する傾向が顕著に見られるからだ。

認知症の高齢者も増える。二〇二五年には、六五歳以上の認知症高齢者は七〇〇万人に達すると予測される。これは、六五歳以上の人口の二割を占める。

政府の見通しによれば、年金、医療、介護、その他を合わせた社会保障給付費は二〇一八年の一二一・三兆円から右肩上がりで増え続け、二〇二五年には約一四〇兆円、二〇四〇年には約一九〇兆円に達するという。

社会保障制度の支え手となる現役世代の人口がますます細る中、あなたはこのような巨額の給付費に耐えられると考えるだろうか？　社会保障費はすでにわが国の国家財政を著しく圧迫しているが、社会保障費が増え続ける以上、国家財政破綻の回避はほぼ不可能だろう。

社会保障制度と国家財政は、まさに運命共同体と言える。そう遠くない将来、あたかも在宅介護で共倒れに陥る家族のように、社会保障制度の崩壊と共に国家破産も現実のものとなるだろう。

第五章

老後資金を五倍に殖やして
生き残る㊙対策

夢見る時代は終わった。これからは行動する時代だ

（ボノ　ロックバンド「Ｕ２」）

「老後資金枯渇時代」を生き抜くためには

これから老後を迎える私たちには、いくつもの試練が待ち受けている。前章までで見てきた通り、老後に必要な蓄えは私たちの想像を超えて相当な額が必要である上、その蓄えはインフレの脅威にさらされることになる。

さらに国家破産が到来すれば、目減りした財産をさらに切り取られることになるだろう。老後を迎えれば、大半の人が医療や介護、年金のお世話になるが、これら社会保障も国の財政が破綻すれば著しく予算が削減され、大半を自己負担しなければならなくなる。

少し想像しただけで、いかに厳しい状況かが容易に想像できるだろう。とは言え、私たちはその地獄のような将来から逃げ出すことはできない。海外脱出できるほどのスキルや財力、人脈などを持ち合わせていれば逃げ出す選択もあるかもしれないが、それでも住み慣れた日本を捨て、未知の環境に身を投じることにも大きなリスクがある。となると、やはりいかにして「老後資金枯渇の時代」を生き抜くかを考えなければならないだろう。

ただ、本書をここまでお読みいただいた読者は幸いである。なぜなら、皆さんはすでに「居安思危《きょあんしき》」の境地に至っているからだ。「居安思危」とは、孔子が残した歴史書「春秋」の代表的な注釈書「春秋左氏伝《しゅんじゅうさしでん》」に書かれた中国の故事による言葉だ。

秦の始皇帝が初めて中国統一を成し遂げる前、中国は群雄割拠の戦国時代（春秋時代）にあった。その中にあって、晋という周辺から頭一つ抜けた大国があった。ある時、晋が周辺国を従えて鄭《てい》という国に攻め入ろうとすると、鄭は慌てて大量の貢物を贈り、晋に和睦を申し入れた。晋王は、戦わずして他国を併呑《へいどん》できるほどの権勢を持ったことに気を良くし、鷹揚にももらった貢物を家臣と山分けしようとするが、家臣の一人である魏絳《ぎほう》はそれを固辞し、さらに王に向かってこういった。「王よ、晋は今極めて順調だ。だからこそ、常に将来の危険を思うべきだ。警戒してこそ備えができ、備えがあれば危機を避け、国を憂うこともない」――自国の権勢に油断し、貢物を家臣に分け与えるのではなく、将来の危機を思い、貢物もそれに適った使い方をすべきと諫言《かんげん》したのだ。

「居安思危」とは、この魏縫の言葉の最初の段を表すもので、「安きに居りて危うきを思う」という意味だ。この故事でおわかりの通り、「居安思危」はこのように言葉が続く。「居安思危　思則有備《しそくゆうび》　有備無患《ゆうびむかん》」――訳するとこうだ。「安きに居りて危うきを思う　思えば則ち備え有り　備え有れば憂いなし」。最後の「備えあれば憂いなし」は、さすがにほとんどの人がご存じなのではないだろうか。そう、そのことわざの基になったのが、実はこの故事なのだ。

孔子は、「春秋」で中国の歴史を記述しているが、それは単なる史実に留まらず、孔子の思想や哲学が含まれていると考えられている。いくつも残されている歴史的逸話の中から、孔子があえて選び抜き「春秋」に書き残したからには、そこに孔子が重要視した何らかの示唆が隠されている、というわけだ。

世界の四聖人の一人と称えられる人物の示唆であれば、その意味するところは極めて重要で、そして普遍的なものと言えるだろう。特に春秋時代は、いつ他国から攻め入られ、滅ぼされるかもわからない激動の時代であった。そうした激動を生き抜く知恵、という観点で「春秋」は参考とし実践すべきものばかりといえる。

そしてこの故事も、まさに私たちのサバイバルに極めて重要なヒントを与えてくれている。まず「居安思危」せよ、と説いている。安らかな現状に甘んじず、これから訪れる危機を思え、ということだが、皆さんは本書では前章までまさにそのことをつぶさに見てきた。ここまでしっかりと読み進めた読者は、「居安思危」の境地に至っているだろう。私が幸いであると言ったのは、そういう意味だ。

となれば残るは二つ、「危機を思ったからには備えを行ない」「備えを行なえば憂いはない」ということだ。将来への憂いがなくなればおのずと前向きな気分となり、精神は健康に保たれ日々を溌剌《はつらつ》と過ごすことができる。人生において、これに勝る喜びはないだろう。

ということで、本章ではこの二つ目の境地である「思則有備」をいかに進めて行くかを見て行く。具体的には、インフレや国家破産といった究極の危機を乗り越え、いかにして老後資金を守りそして殖やして行くかということだ。しっかりと読み進めていただき、そしてこれらを着実に実践して行くことで、ぜひとも「有備無患」の境地に達していただきたい。

インフレの恐ろしさと資産防衛の考え方

まず、そう遠くない将来に私たちに襲いかかるであろうインフレの猛威からどうやって資産を防衛するか、その基本的な考え方を見て行こう。

インフレとは、物価の上昇を表す経済用語だが、それだけを聞くとそれがいかに恐ろしいかピンとこないだろう。しかし、インフレがいかなる恐怖をもたらすかを知れば、これに本気で対策をしなければならないことがよくわかるに違いない。

もし仮に、年数％程度の物価上昇が緩やかに進行する状態であれば、インフレはそれほど恐れるに足りない。手持ちの資産で生活を維持することは容易だし、インフレ率に見合った金利上昇も起きるため、預金などの預入資産も多少は増えることが見込めるからだ。給与所得者も年金所得者も、すぐさまではなくともインフレに見合った収入増が見込まれるため、それほど将来を悲観視する必要はなく、社会的な混乱も比較的少ないだろう。したがって、その程度の緩やかなインフレについては心配の必要はない。

しかし、インフレの本当の恐怖は、勢いが付いて高進する局面にこそある。多くの人々は手持ちの生活資金が急激に目減りし、蓄えを切り崩しても足りないとなってくると、いよいよ〝貧困〟が脳裏にちらつくようになる。社会不安が増大し、パニックになるのはこういう時だ。そしてインフレとは、往々にして前触れなく突然高進するため、手に負えないのだ。

身近な例で、どの程度の恐怖になるか考えてみよう。

年収四〇〇万円、資産一〇〇〇万円を持つサラリーマンが、年一〇〇%のインフレに見舞われたとする。一年後には物価が二倍になっているということだが、もし給与が一年変わらなければ、一年後の年収四〇〇万円は現在の年収二〇〇万円と等価ということだ。つまり一年後には、現在の年収二〇〇万円の人と同じ生活水準にしないと暮らして行けなくなるわけだ。さらに、資産一〇〇〇万円も特に対策せずにいれば一年後にその価値が半減しているわけで、これは由々しき事態であるとすぐにわかるだろう。

もちろん、年一〇〇％のインフレが進めば年収も多少は増えるかもしれないし、資産も金利上昇によって多少殖えるだろう。それでも、何もせずに一年後に年収が八〇〇万円になり、資産が二〇〇〇万円に殖えるなどということはほぼない。つまり、インフレ率に相当するほど年収や資産が自然に殖えることはまずあり得ないわけで、それは実質的な収入減と資産減というわけだ。五年もこのペースで進めば、ほぼ間違いなく貧困層に転落するだろう。

また、インフレと一口に言っても、すべてのモノやサービスが一律に同じ割合で上昇するわけではない。たとえば、需要がそれほど大きくない、肥料や燃料もあまりいらない、国内生産で供給が賄える農作物などはそれほど値段が上がらないが、その一方で世界中の需要増で争奪戦になりやすく、為替の影響も大きい原油は、すさまじい高騰を見せる、といったことが往々にして起きるのだ。どういったものが高騰するのかは一概にはわからないが、日々の生活に必要な食料品や日用品などは高騰しやすいと考えられる。必要なものほど価格が上がれば、日常生活は深刻な打撃を被るだろう。

そして、こうした「まだらな物価高騰」は、モノ不足とセットになる場合も多い。二〇二〇年三月の「コロナショック」前後では、新型コロナウイルスへの対策としてマスク需要が急増し在庫が払底したが、これに乗じてマスク価格も高騰したのは皆さんの記憶にも新しいだろう。また、一九七〇年代の「オイルショック」では、原油の高騰によってトイレットペーパーの枯渇という連想が働き、買い占めが起きたことで市中からトイレットペーパーが消えた。

モノがあふれる現代の日本で、「必要なものが買えない」という恐怖はあまり経験できないものだ。しかし、二〇一一年の東日本大震災では物流が寸断され、どの店に行っても商品棚がカラという光景を目の当たりにした人もいるだろう。

その光景が、これから断続的に繰り広げられることを想像してほしい。商品が少しでもあれば不急であっても買い占めたくもなるし、家の備蓄がなくなれば心細さも倍増するというものだ。人のことよりまずわが身、とにかく買い占めるといううさもしい心持ちになったとしても、致し方ないだろう。

さて、高インフレ期にはモノによってインフレ率が異なることに触れたが、これは資産にも当てはまる。資産として代表的な株式、不動産、債券、金《きん》や美術品、骨董品などの嗜好性が高いものも、インフレによって一律に価格が上昇するわけではないのだ。したがって、持っている資産によってはインフレを味方に付けて資産価値を維持、あるいはより殖やすことができる一方で、その恩恵を享受できず、むしろ資産を目減りさせてしまう可能性もある。そして難しいことに、これも絶対の法則性があるわけではなく、その時々によって何が高騰し、あるいは下落するかはわからないのだ。

ただ、決定的に顕著な傾向は存在する。それは預金に比べれば株式、不動産、金《きん》などの現物資産は、インフレの恩恵を受けやすいというものだ。これは、過去のインフレ期の価格動向を見れば明らかである。特に、株式と金《きん》はその傾向が強い。もちろん、株式は銘柄によって騰落がハッキリ分かれることになるため何でもよいわけではないが、少なくとも預金のままにしておくよりは相当マシである。また、当然だが現金は金利が付かないため、インフレ期には最も不利な資産となる。

こうした事実から導かれるインフレ対策のポイントをまとめると、一七一ページの図のようになる。

資産防衛の本丸は「国家破産対策」

さて、インフレ対策さえ行なえば資産が安全かと言えば、まったくそんなことはない。むしろ、その後に到来するであろう国家破産への対策をなくして資産防衛を完遂し「有備無患」の境地に達することは決してできない。したがって、ここからが資産防衛の本丸と言える部分になってくる。

インフレ対策のポイント

1	給与・年金は目減りするものと考えておく
2	収入の減少を補い、資産の価値を維持するためには資産運用が必須
3	現金・預金は資産価値減少のリスクが大きい
4	価格上昇率はまちまち。資産運用もその点を考慮すること
5	株式、金（ゴールド）、不動産などは預金などより有利
番外	モノ不足に備えて、適切に備蓄などを行なうこと

第三章で見てきた通り、国家破産はあなたの資産にインフレよりも強烈な打撃を与える。というより、まったくの無策であれば壊滅的・絶望的な事態に追い込まれるかもしれない。なぜなら、インフレは人間が意図してなるものではなく、ある意味自然現象に近いものであるため、「たまたま助かる」ということがあり得る一方で、国家破産で起きることは「国家」が生き残るために明確に国民の資産を狙い撃ちするため、基本的に「たまたま助かる」などということは起き得ないからだ。

ただこれは、逆に言えば「国家破産で国家が何をするか」を正しく理解し、適切に対策すれば対処が可能、ということでもある。つまり、「国家破産で何が起きるのか」を知っておくことが最重要ということだ。

もったいぶらずに結論から言おう。国家破産によって起きる代表的な事象は、一七三ページの図の三つだ。

国家破産によって起きる代表的な事象

高インフレ

徳政令

大増税

■国家破産由来の高インフレ→通貨の価値が失われる

一つずつ見て行こう。まず「高インフレ」だが、これは前述したモノと現象面では一緒だが、その発生要因や性質は明らかに異なる。前者の場合、新型コロナ収束による世界的な景気浮揚があらゆるモノやサービスの需要を加速させ、モノ不足によって発生するというものだが、国家破産由来の高インフレは「通貨の価値が失われる」ことで発生するものだ。

近年破産した国家を見ればすぐにわかることだが、世界経済が堅調であるにも関わらずその国だけが「沈没」したかのように、激しいインフレに見舞われて国民生活が困窮するのだ。二〇一八年から一九年にかけてのベネズエラ、二〇〇九年に天文学的ハイパーインフレで自国通貨を放棄したジンバブエ、二一世紀に入ってからだけで三度もデフォルトした「破産常習国」アルゼンチンなど、いずれもインフレの嵐が吹き荒れている。

日本の国家破産の場合、それ以前にもインフレが高進しているところにさらに国家破産由来の高インフレが追い打ちをかけて、より苛烈な物価上昇が猛威を振るう可能性もあるだろう。

ただ、基本的に破産国家にとってインフレは非常に都合がよい。なにしろ、莫大な債務がインフレによって実質的に減少するからだ。極端なたとえだが、政府債務が一〇〇〇兆円あったとしてもインフレで物価が一〇〇〇倍になれば、政府債務の実質価値は一兆円ということになる。借金は、インフレで勝手に増額することはなくあくまで額面通りのままだから、国にとっては都合よいことこの上ないのだ。

ただし、この考え方は個人には当てはめない方がよい。インフレ期に借金を抱えると、インフレ見合いで利息の利率が急騰し、支払いが不能となる危険が出るためだ。国家の場合、この利息部分を国家権力で減免させることで実質的な借金の棒引きを行なえるが、個人にはそんな権利も権力もなく、貸し手から求められたら高い利息を払わなければならない。一九九八年、アジア通貨危機に見舞われた韓国では、金利が三〇％に急騰したため住宅ローンの支払いに行き詰まった人々が物件を手放し、借金だけが手元に残った。これと同じ目に遭わないために、国家破産期には極力借金をしないことだ。

話を戻そう。世界的潮流としてのインフレであれ、国家破産由来のインフレであれ、基本的な考え方は一緒だが決定的に異なる点がある。それは、「自国通貨がどんどん価値を失う」ということだ。つまり、現金や預金を避けていても円建て資産であれば減価の影響を免れないということだ。これに対抗するには、「円建てではない」資産を持つことがカギとなる。

要は外貨建て資産だが、現物資産でも金《きん》（ゴールド）や一部の宝石（ダイヤモンド）などは実質的にドル建て取り引きとなるため有効だ。

■現代の徳政令は「預金封鎖」「外貨保有禁止」「資産移動制限」など

二つ目の「徳政令」は、国家権力ならではの強力な金融規制だ。実施方法は様々だが、代表的なものは預金封鎖や外貨保有の禁止、資金移動の制限などがあげられる。預金封鎖は最もわかりやすい規制だが、それゆえに国民の側も予防的な対応（つまり資産逃避）を行ないやすい。

そのため、基本的には「不意打ち」で実施されることがほとんどだ。二〇一五年のギリシャ、二〇一三年のキプロスなどで行なわれた預金封鎖も、銀行が閉まっている週末に封鎖を宣言し、週明けにはまったく預金が動かせなくなっている。日本でも一九四六年に預金封鎖が行なわれたが、これと「財産税」をセットで実施し、国民資産を根こそぎ徴収した。

この手段は、なにしろ国家としては労せずに国民から資産を徴収できるため効率がよい。〝破産国家の常とう手段〟と言ってもよいほどのものだ。

さて、外貨保有の禁止はちょっと意外に思われるかもしれないが、実は破産国家ではたまに聞く話である。二〇〇九年に国家破産したジンバブエでは、外貨保有が禁止されていたが実際には米ドルが流通しており、ヤミの商売では主流にすらなっていた。通貨とは、国家権力の象徴であり、自国内で他国の通貨の流通を許せばそれはもはや国家の体を為さなくなるため、破綻寸前（と言うか事実上破綻している）の国家ほど通貨の統制を強める傾向は強くなる。

したがって、日本も国家破産した暁には、大幅な外貨保有制限がかかることを覚悟しておいた方がよい。元々、一九九六年の「金融ビッグバン」（金融制度改革）以前は個人の外貨保有は大幅に制限されていたわけで、その状態に先祖返りするという流れはごく自然に想定されるだろう。外貨預金、外貨建て金融商品、外貨現金などの保有が禁止、あるいは金額が著しく制限され違反した場合は、極めて不利なレートでの円転を強制されるなどの措置が採られるかもしれない。

資金移動の制限は、国民資産を国内から漏らさないための「金融鎖国」のような措置だ。具体的には海外送金の禁止、現金や現物資産の国外持ち出し禁止などがこれにあたる。これが実施されてしまうと、資産防衛に海外を活用することはできなくなってしまう。したがって、こうした措置が採られる前に対策を行なっておかないといけない。

私は、国家破産対策は「早い者勝ち」とよく言っているのだが、その意味はまさに「国家に先んじて手を打て」ということである。

このほかにも、課税に依らずに国民資産を直接没収するという、まさに究極の手が用いられることもある。典型的な例では、一九三三年にアメリカ政府が実施した金《きん》の保有禁止令が挙げられるだろう。もちろん完全な「お召し上げ」ではなく、国が市井のレートより安く買い上げるという形であったが、実質的には国家による金《きん》没収と言えるものだ。ほかにも、一九九八年にアジア通貨危機の影響で深刻な経済危機に陥ったロシアでは、銀行の貸金庫が開けられ、中の資産が没収されるということも起きている。何が没収対象になるかはその時々の状況によって変化するが、国家が「資産性」を認める現物資産はその対象となりやすいため、金《きん》・銀などの貴金属類は特に注意が必要だろう。

こうした没収策に対抗するには、国家が目を付けない資産を保有するのが有効だ。「そんな方法、本当にあるのか?」と意外に思われるかもしれないが、国家とて何でもかんでも没収することはしない。つまり、国家が明確に資産として認識するものと、そうでないものがあるのだ。

前述の貴金属類は、市場もあり、資産価値が安定しているため目を付けられるが、実はダイヤモンドをはじめとする宝石類は目を付けられにくいというのが経験的にわかっている。貴金属と違って公開された市場での取り引きがなく、それぞれ一点モノで価格のブレも大きいといった点がその理由と考えられる。

そして実際、ダイヤモンドは有事の資産防衛に使われてきた歴史もある。迫害の歴史を負っているユダヤ人は、経験的にダイヤモンドでの資産防衛を珍重したというし、また太平洋戦争後に日本の画壇を追われた藤田嗣治《つぐはる》は、財産をダイヤモンドに換えて絵の具のチューブに入れ、パリに移り住んだ後の資金にしたという。もちろん、ダイヤモンドには資産としての「弱点」や「注意点」もあるが、持ち運びがしやすいというメリットはかなり大きいため、資産の一部として保有しておくことは非常に有効だろう。

■大増税――特に「固定資産税」と「財産税」には要注意

さて、三つ目の「大増税」は、破綻国家が立て直しに用いる最も基本的な手段だ。既存の税体系の中で税率を上げ税収を増やす方法のほかに、一時的な特別の税を設け、それによって財政を救済するという方法も用いられる。前者は所得税や法人税、消費税、固定資産税などの引き上げだが、これらは日本国民である限り実質的に逃れるすべはない。

ただ、国民にあまねく負担を強いる方法のため、いかに破綻し窮乏している国家といえども、あまり極端な高税率をかけることはできないだろう。一点、固定資産税には要注意だ。たとえば別荘を持つほどの資産を持つ富裕層から取り立てるには、そうした別荘に高い固定資産税をかけるというのも有効な手立てとなり得るからだ。実際、二〇一〇年に巨額債務が明るみに出て財政危機に陥ったギリシャでは、アテネ郊外の別荘に高額の固定資産税がかけられ、電気代と一緒に徴収するという措置が採られた。物件を所有する富裕層たちは、黙っていても高額の税金が取られるのだからたまったものではない。即座に物件を手放そうとしたが、しかしその高額の税金が仇《あだ》となって買い手が付かず、延々と税金を払わされたという。

日本で固定資産税がどの程度上げられるかは不明だが、当局が「効果的」と判断すれば当然実施されることになるだろう。その点で見ると、「不動産」という資産には増税のリスクがあるものと心得ておいた方がよいだろう。

さて、大増税の本丸と言えば一時的に課税される特別税、いわゆる「財産税」だ。税体系の中では、「稼ぎ儲けたもの」（所得税など）や「財やサービスの移動」（消費税など）に対して課税されることが一般的で、「資産そのもの」に対して課税する場面はそれほど多くはない。平時に課される「資産への課税」としては、前述の固定資産税のほかに贈与税、相続税があるが、国家破産のような有事にはこれらとはまったく別に「国家非常事態」として特別な法律を定め、「合法的に国民から搾取・没収する」税金を作るわけだ。

私たちが知る最も有名な財産税と言えば、終戦直後の一九四六年に実施されたものだろう。敗戦という非常事態下に、最高税率九〇％という高額の課税がなされた結果、当時の富裕層は大打撃を被った。この時は天皇家も最高税率を適用され、資産を著しく減少させたという。おそらく、次の国家破産時にも「財産税」は確実に実施されるものとなるだろう。

こうしたことを総合すると、国家破産対策のポイントはおおよそ一八三ペー

国家破産対策のポイント

1 円の減価に備えて外貨建て資産を持つ

2 預金封鎖や金融封鎖に対抗するため、海外に資産を持つ

3 金は有効な資産防衛策だが没収リスクもあり注意

4 当局が着目しない資産としてダイヤは有用（ただしデメリットもある）

5 国内の外貨建て資産は万全ではないと心得ること

6 借金はできる限り残さないこと

ジの通りとなる。

インフレと国家破産、それぞれの対策方法の基本を踏まえて、事項ではいよいよ具体的な資産救済策を見て行こう。

「老後資金枯渇時代」の資産防衛法とは⁉

これから迎える激動の時代では、インフレによってあなたの資産は価値が減少することになり、またそれを補う収入も実質的に減少することになると考えておくべきだ。現金や預金ではその傾向は顕著に出るため、お金をお金のまま持っておくことは最悪の手と言える。何らかの形で資産運用を行なうことが資産防衛の最低線と言える。

もちろん、インフレの恩恵を受けて資産価格が大きく上昇するものもある一方で名実共にマイナスに沈むものも出てくるが、そうしたリスクも含めて運用と覚悟することが必要だ。

また、当然ながら特定の対象に一点張りしてはいけない。複数の有望な対象に分散投資をすることで、リスクの平準化を目指すのが基本線となる。

様々な投資対象に分散投資する

■「海外ファンド」「国内株式」

インフレ対策と国家破産対策の両面を考えた時、主力として位置付けるべきは「国内株式」と「外貨建て海外資産」の有望な銘柄への投資だ。特に、外貨建て海外資産で最も注目すべきものが「海外ファンド」だ。

「海外ファンド」は、海外資産保有という点で非常に有効な方法である。その大きな特長は、①日本にいながらにして海外金融機関に資産を預け入れられる、②預金とは異なりプロに運用をゆだねて収益獲得も期待できる、という点だ。

海外ファンドは国内にいながら必要な書類を取り寄せ、買い付けの手続きを行なうことができる。一八歳以上などの年齢要件はあるが、基本的に身分証などの必要書類を提出すれば誰でも買い付けが可能だ。最低投資額が百数十万円程度のものからあるため、複数の銘柄に分散投資をすれば資産保全性を高めることもできる。また、手堅く収益を獲得するものや、特殊な投資戦略を用いて恐慌や高インフレなどの相場局面でも収益を獲得できるものなどバリエーションがあり、資産運用としても妙味があり魅力的だ。運用自体は金融のプロが行なうので、投資家は買い付けを行なった後は基本的に結果を確認するのみでよい。株式や社債、預金のように配当や利息が出ない形となっており、税務申告はファンドを解約して利益が出た時だけでよい点もメリットだ。

このような様々な魅力をもつ海外ファンドを活用するには、どうしたらよいのか。実は、日本国内ではこのような海外ファンドは著名な金融機関でもほとんど取り扱っておらず、また情報も極めて乏しいのが実情だ。どんな点に注意し、どう銘柄を選定するのか、あるいは具体的にどんな手続きを行なえばよいかもほとんど知られていないため、普通の人が気軽に活用するというわけには行かないのだ。

しかし、あきらめるのはまだ早い。こうした日本の現状を変えるべく、私は海外ファンドの情報を取り扱う助言組織を立ち上げ、運営している。すでに二〇年以上の助言実績を持つ二つのクラブ、「ロイヤル資産クラブ」「自分年金クラブ」では、資産規模に応じてファンド銘柄の情報や投資に関する助言を行なっている。多様なファンドの情報を提供し、投資に関しての注意点から、手続きに関する助言など、ファンドによる資産運用に関する様々なアドバイスも可能となっている。海外ファンドによる資産防衛に興味がある方は、ぜひクラブにご入会いただき情報を得ていただきたい（お問い合わせは「日本インベストメント・リサーチ」〈電話：〇三－三二九一－七二九一〉まで）。

次に「国内株式」だが、インフレ局面では特に積極的に株式投資に取り組んだ方がよい。特に国家破産由来のインフレ局面では、株価の上昇も顕著となりその有用性が伺える。太平洋戦争後の日本では、GHQの進駐下で株式市場は閉鎖していたが、店頭取引は活発に行なわれていた。特にインフレが高進した一九四八～四九年にかけては、一年間で株価が五倍に跳ね上がるなどインフレに呼応するかのような値動きを見せている。また、第一次世界大戦後にハイパーインフレに見舞われたドイツでも、同様に株価は急騰している。二〇〇九年に破綻したジンバブエでも、一年間で株価が三万九〇〇〇%（三九一倍）もの上昇を見せる局面があった。これらはいずれも国家破産由来のインフレ局面に分類されるが、株価はしっかりと上昇したのである。

もちろん、国家破産ではないインフレ局面でも、株価は上昇する。一九七〇～八〇年代のイスラエルでは、中東戦争やオイルショック、イラン革命などの影響から高インフレが続き、一五年間で消費者物価指数は一万倍となった。その一方で全株価平均は六五〇〇倍となり、インフレ率を大きく上回る銘柄も数多く出現した。

このように、株式投資にはインフレに強い性質があり、さらに銘柄の選び方次第ではインフレ率を大きく上回る収益で資産を増大させることすら可能となるのだ。もちろん、株式投資には損失のリスクもあるため、しっかりとした戦略を持って取り組むことが重要だが、減価し続ける現金・預金を握りしめて何もしないより、はるかに有意義な取り組みと言える。

そうは言っても、何も知らない人がいきなり株式投資を始めても、どうやって有望な銘柄を選び出せばよいのかはまったく見当が付かないだろう。特に、国家破産のような激動期には平時とも異なる相場の動きを見せることがあり、目利きの力が極めて重要となる。

私は、自身でも株式投資を長年研究し取り組んできたが、その一方で極めて優秀な相場分析の手法を持つ人や銘柄の目利きを行なう特殊な才能を持つ人脈を発掘し続けてきた。そしてこのほど、彼らの情報を実践して一定の成果を出せる見込みが立ってきた。そこで、私のファンの皆さんにもそうした成果を実感していただくべく、二〇一八年から「日米成長株投資クラブ」を、二〇二一年からは「ボロ株クラブ」と「㊙（まるひ）株情報クラブ」（以下「㊙株情報クラブ」）を発足し、株式投資に関する情報提供を開始した。いずれも日本株を中心にした情報提供を行なっているが、それぞれ狙いがまったく異なっており、銘柄の選定基準も違っている。

「日米成長株投資クラブ」は、三年以上の運営期間中に短期急騰銘柄をいくつも提供してきた。その実績と銘柄選定の基準は、『ボロ株投資で年率40％も夢じゃない!!』（第二海援隊刊）で紹介しているので、興味がある方はぜひご参照いただきたい。

「ボロ株クラブ」「㊙株情報クラブ」は新しいクラブではあるが、確率統計の手法を用いた特殊な銘柄情報や株価指数に関する情報を発信しており、こちらも徐々に実績が出てきている。

「ボロ株クラブ」は、その名の通り低位小型株、いわゆる「ボロ株」をメインターゲットにしているが、少額から取り組みやすく大化け（大きな株価上昇率）が期待できるという点を狙いにしている。

「㊙株情報クラブ」は、勝率を重視した情報提供を目指し、さらにかなり特殊な銘柄情報も取り扱うため、少人数限定かつ会員条件も厳しめに設定した。これらの詳細については、巻末の二二五ページをご参照いただきたい。

■「海外口座」「金《きん》（ゴールド）」「ダイヤモンド」

海外ファンドと国内株式は、収益期待を持って取り組む「攻めの防衛法」というべきものだ。インフレ・国家破産期には、資産は放っておけばどんどん目減りすることとなる。そのため資産を維持・防衛するためには、収益を目指す運用を取り込むことはどうしても必要となるわけだ。

その一方で、資産のすべてを「攻め」に投じることは相当のリスクを伴う。そこで、収益を獲得することまでは望まないものの、インフレに対抗でき安定的に保有できる「守りの防衛資産」も保有することがもう一つのカギとなる。具体的には、「海外口座」「金《きん》（ゴールド）」「ダイヤモンド」だ。

まず「海外口座」は、日本国外での安定的な資産預入先として極めて有用だ。運用による浮き沈みが少なく、国家破産による徳政令の影響も直接は受けないため、安心して外貨を預け入れできる。また、いざとなれば日本国内にいながらにして使うことができる点もよい。

一般的に、海外口座のカードにはデビットカード機能が付いており、預金封鎖時でも国内でカード払いに使うことができるのだ（口座が海外のため封鎖の対象とならない）。また、国内の提携ＡＴＭを使って日本円を引き出すこともできる。インフレと共に著しい円安となっても、外貨をその時々のレートで円転して引き出すため、インフレ対策としても有効である。

ただ、海外口座の保有、維持には注意すべき点がある。基本的なことだが、保有する口座は財政・政治が健全な国の優良な経営状態の銀行であることが必須だ。新興国などでは魅力的な金利条件の銀行をたまに見かけるが、そこには破綻リスクなど重大なリスクが潜んでいることに留意しなければならない。

また、定期的に銀行とのやり取りが必要となるため、日本語対応の銀行を選ばないと後で大変な苦労を強いられることになる。日本語対応は、海外口座の開設時にも重要だ。原則、口座開設は現地への渡航と面談が必要となるためだ。口座の維持についても、適時手続きを取ることをおこたると「休眠口座」や「口座凍結」となり最悪の場合、国に預金を差し押さえられる場合もある。維持の対応に自信がない方は、専門家の助言を受けて上手く対応することが重要だ。

このほかにも注意点はいくつかあるが、これからの資産防衛には絶大な力を発揮するため、ぜひとも行なっておきたい対策である。経験が乏しい方でも、専門家の知見を借りれば十分に実行可能であるため、取り組んでいただくことを強くお勧めする。なお、前述した二つの会員制クラブ「ロイヤル資産クラブ」「自分年金クラブ」では、海外ファンドのみならず海外口座の保有・維持・活用についても適切な助言が可能となっているので、ぜひとも活用をご検討いただきたい（詳細は巻末をご参照下さい）。

次に「金《きん》（ゴールド）」は、まさに「有事の金《きん》」の名の通り、資産防衛には極めて有効な資産である。特に、国家破産期には通貨価値の下落に対抗して資産価値を保つことができるため、多くの人々が注目し需要も高まる。

ただ、これは破綻した国家にとっても同じであり、当局による没収の対象として注目される可能性も高い。特に、ある程度のまとまった量を保有していると、当局に目を付けられる危険性は飛躍的に高まる。いくら回数を分けて購入しても、金《きん》の購入履歴は原則として業者がすべて保持しており、有事にはその履歴を基に当局が大量保有者を捕捉するといったことは十分に可能なのだ。

したがって、金《きん》の保有は全資産の一部、たとえば一〇％程度までに留めておいた方がよい。また、どうしても金策が厳しい時に換金することも考えると、一キログラムのバーではなく一〇〇グラムバーやコインなど少額のものを複数持っておく方が取り回しはよい。

しかしながら、金《きん》は基本的に国家破産などの有事に換金することは想定しない方がよい。なぜなら、当局が捕捉の目を光らせているだけではなく、偽物の流通によって業者側も取り引きを渋ることが考えられるからだ。基本的に、金《きん》は国家破産期には当局に捕捉されないように保有し続け、状況が落ち着いてから生活再建資金として活用する位置付けにするのが賢明だろう。

金《きん》の保有方法には、もう一つ「海外で金《きん》を持つ」というやり方もあるが、これは普通のやり方（海外で金《きん》を買い、海外の貸金庫に入れるなど）では、コストも手間もかなりかかるためお勧めではない。ただし、最近私が見出した方法では、かなり手軽に「海外に金《きん》を持つ」ことが可能となる。詳細は後述するが、この方法はかなり面白く要注目だ。

そして「ダイヤモンド」だが、金《きん》とは異なる性質を持っているため、これも保有しておきたい現物資産である。前述の通り、ダイヤモンドは当局に捕捉されにくく国家破産対策に好適である。小さく軽く持ち運びやすい上、金属探知機にも引っかからない。金《きん》の弱点を見事に補ってくれるというわけだ。

しかしながら、「ダイヤモンド」には金《きん》とは異なる注意点がある。まず、「適切な業者と取り引きする」ということだ。本物を取り扱っているか、という話ではなく、その業者が「適正価格で現金化できるか」という点が何より重要である。

というのも、百貨店などに入っている宝石店などでは、販売したダイヤモンドを適正価格で買い取るということはまずやっていないのだ。質屋なら多少色を付けて買い取ってくれるかもしれないが、それでも購入価格には到底およばないだろう。そもそも、宝石店などで指輪やアクセサリーになっているダイヤモンドは、ここで言う資産防衛策としてはほとんど役に立たない。

では、どういう業者を通じて、どんなものを保有すべきか。まず業者は、ダイヤモンドのプロ専用オークション市場にアクセスできる専門業者であることが条件だ。実はダイヤモンドには、金《きん》のような取り引き市場がない代わりに国際的なオークションのネットワークがあり、売買価格もそこで形成されているのだ。一般的な宝石店や質屋などが買い取りに応じないのは、そうしたオークションに入れないため商売にならないからだが、オークションに入れる専門業者では話が変わってくる。オークションの実勢価格でダイヤモンドを取り寄せて販売でき、またオークションに乗せられるダイヤモンドなら実勢価格に近い買い取りもできるわけだ。

そして、このオークションで取り引きされるのは原則としてルース（石のみ）であり、ＧＩＡ（米国宝石学会）の鑑定書付きが標準となる。つまり、資産防衛にダイヤモンドを持つなら、ＧＩＡの鑑定書が付いたルースを専門業者を経由して持つことが基本ということだ。また、ダイヤモンドの重さは一カラット程度が標準的である。これは、オークションで最も取り扱い量が多く流動性が

インフレと国家破産の対策

基本戦略：様々な投資対象に分散投資する

戦略①	海外ファンドを活用する	いずれも、優秀な助言者を味方につけて成功率を上げるのがよい
戦略②	有望な国内株式に投資する	（同上）
戦略③	海外口座に資産を預ける	
戦略④	金（ゴールド）を保有する（ただし資産の一部にとどめる）	
戦略⑤	ダイヤを保有し、最後の命綱とする	

高いためだが、価格的にも一〇〇万円前後と比較的取り組みやすいという点もある。

ダイヤモンドの保有については一点、非常に重要な点に注意が必要だ。それは、専門業者を通じた場合でも売買価格差は大きいということだ。購入してすぐ売りに出した場合、二〇〜三〇%程度は減価すると捉えておいた方がよい。かなり目減りする印象だが、実際には長期に保有し、インフレや円安によって売却価格が大きく上昇する期待がある。そうでなくとも、当局に捕捉されにくく、持ち運びもしやすいというメリットは大きい。ダイヤモンドが最後の命綱となる可能性も考えれば、全資産の五〜一〇%の範囲でダイヤモンドを保有する意義は大きいだろう。

なお、私は長年その方法について研究してきたが、近年ようやく本当に資産防衛に堪えうるルートを確立することができた。本当に資産防衛としてのダイヤモンド活用に興味があるという方に向けて、そのノウハウをお伝えする「ダイヤモンド投資情報センター」を設置したので、巻末の情報を参照していただきたい。

資産防衛――実践編

ここまでで「年金枯渇時代」の資産防衛の基本戦略を見てきたが、いよいよ実践例を基に具体的にどのように進めるのかを見て行こう。

ここでは、高齢者の預貯金の中央値である「一五〇〇万円」を一つのモデルにして、これを三倍に殖やしつつ国家破産にも対策することを目指したポートフォリオを紹介する。

まず、一五〇〇万円を大まかに二〇一ページの図の三つのカテゴリに分ける。金額はあくまで目安だが、防衛資産が多過ぎてインフレに対抗できない、あるいは積極運用に傾け過ぎて運用が不安定になり過ぎる、などという危険を避けることがポイントだ。前述の通り、あくまで適度な分散を心掛け、バランスを保つことが重要である。

■第一カテゴリ

積極運用の四〇〇〇万円は、株式投資を主力とする。日本国内の有望銘柄だけでなく、米・中の銘柄を取り込んでもよいだろう。基本スタンスは長期保有による収益獲得だが、部分的には配当利回り重視で銘柄を選んでもよいし、短期的に急騰が見込める低位小型株（ボロ株）も上手く取り入れると非常に面白い運用ができるだろう。高インフレが追い風となれば、一〇年間の運用で五～一〇倍にすることもまったく夢ではない。

ただ、銘柄の選定基準、損切／利益確定の判断基準、資金管理はしっかりと行なうことが重要だ。長期で取り組むため、多少の負けは受け入れる覚悟が必要だが、「結果的に勝つ」ために自分の作戦を振り返り、必要に応じて見直すこともおこたってはいけない。

しかし、こうした取り組みは独学でやって行くのはなかなか大変である。そこで、専門家や助言組織からの助言や銘柄に関する情報を得ることは、自分の

1500万円を3つのカテゴリに分ける

第1カテゴリ

積極運用資産

400万円

第2カテゴリ

堅実運用資産

800万円

第3カテゴリ

生活防衛資産

300万円

スタイルを確立する上で非常に有用だろう。一人でやると習得に五年かかることも、そうした助言者がいればすぐに実践から始めることができ、より大きな成果も期待できるだろう。前述した「日米成長株投資クラブ」「ボロ株クラブ」「㊙株情報クラブ」は、まさにそうした実践的な助言と情報が受けられるサービスであるため、ぜひ積極的に活用を検討していただきたい。

■第二カテゴリ

次に、堅実運用の八〇〇万円を見て行こう。実は、このポートフォリオの成否はまさにこの第二カテゴリにかかっていると言ってよい。なぜなら、全体の比率が大きく、また着実に収益を取りながらインフレにも対抗できるかが老後資金の確保、拡大の分かれ目となるからだ。ここでの運用は、主に海外ファンドの活用となる。

ここで、より具体的にどんな海外ファンドを活用すべきかを見て行こう。私が主宰する「ロイヤル資産クラブ」「自分年金クラブ」で情報提供中の海外ファンドの中でも、特に有望な運用戦略の銘柄をいくつか紹介しよう。

まずはなんと言っても「ＡＴファンド」だ。このファンドは、相場の大きな変動に関係なく、コツコツと小幅の収益を積み重ねるという、海外ファンドの中でも一風変わった運用スタイルを用いる。新興国の公務員向け消費者金融、貿易決済のつなぎ融資といった、世界中の様々な国、地域の融資機会をフィンテック（金融とＩＴの融合技術）を活用して発掘・投資することで、年六％程度の利回りを非常に安定的に稼ぎ出し続けているというものだ。

特にこれからは、世界がインフレ基調となるにしたがって金利も上昇して行く傾向にあり、融資ビジネスには追い風となる公算が高い。つまり、今後ますます収益期待が持てる点も魅力なのだ。ファンドの収益力を勘案すると、一〇年で元本が二倍程度にはなることが期待できる。さらに、インフレと国家破産による円安も加味するならば、三〜五倍程度にまで大化けすることすらあり得るだろう。

もう一つ、世界的なインフレや国家破産といった激動期にこそ保有しておきたいファンドが、「MF戦略」という運用戦略を用いたものだ。「MF戦略」は、通常の運用戦略では損失となりそうな相場局面、たとえば国家破産や恐慌などの激動相場に強みを発揮し、逆に収益期待が持てるという面白い戦略だ。

詳細は割愛するが、コンピュータを駆使した「システム運用」により、世界中の様々な先物市場への分散投資を行なうもので、統計的なアプローチでの収益を目指している。上昇・下落いずれの方向でも、一定期間相場に方向感（トレンド）が発生すると収益獲得の可能性が高まるもので、それは世界的なインフレ傾向に対しても通用すると見込まれる。そのため、インフレ対策と国家破産対策を合わせて「MF戦略」のファンドを保有することは非常に有効と考えられるのだ。「ATファンド」ともまったく戦略の傾向が異なるため、分散投資の組み合わせで考えても良好だ。

そして、最近になって登場した注目すべきファンドにも触れておきたい。通称「PMファンド」というもので、これもかなりユニークな運用戦略と資産管理を行なっている。このファンドの投資対象は、金《きん》、銀、プラチナなどの貴金属に限定され、しかもそれらをファンドが「現物」で保有するというものだ。保有にあたっての分散比率は、各貴金属の価格推移などを基に特殊な計算方法で決定される。この比率を、動的に変化（リバランス）させることで収益獲得を狙って行くというものなのだ。二〇二一年八月から本格運用を開始したため、本項執筆時点ではまだ過去の貴金属価格を基にしたシミュレーション値がわかっているのみだが、年率平均四六％（二〇一九年六月～二〇二一年七月）という非常に良好な結果を残している。

ただ、私はこのファンドの魅力はリバランスによる収益獲得力だけではないと考える。一番の注目点は、金《きん》をはじめとした貴金属を「現物で所有する」という点だ。つまり、このファンドに投資をすることで、実質的に海外で金《きん》をはじめとする貴金属の現物を所有するのとほぼ同じ効果が期待できるのだ。実際、ファンドを解約した際には、現金ではなく金《きん》現物を受け取ることも可能である。条件がいくつか付き受け取り場所は限定されるが、日本国外で保有した金《きん》を現物受け取りできるということは没収リスクのない金《きん》を保有できるということで、その意義は極めて大きい。このファンドに投資することで、第二カテゴリと第三カテゴリの資産要件を同時に満たす資産を持つことができるわけだ。

ここに挙げた「ATファンド」「MF戦略」「PMファンド」は、いずれも一万～二・五万ドル（一一〇～三〇〇万円程度）から投資が可能であるため、これらのうちの二つまたは三つ共に分散投資を行なうのが有効だろう。

なお、このほかにも多彩な市場への投資戦略をミックスし、手堅く収益を狙う銘柄などもあり、海外ファンドの世界は非常にバリエーションが豊富である。しかも、これらのファンドも一万～二・五万ドル（一一〇～三〇〇万円程度）から投資が可能なものが多く、資金的な余裕がある方の場合はそれらの銘柄も取り込んで分散投資を図るとより万全を期すことができるだろう。

■第三カテゴリ

最後に生活防衛資産を見て行こう。このカテゴリでは、資産を大きく殖やすことを目的としない。インフレや国家破産にも対抗して確実に資産を防衛することが狙いだ。そこで、「海外口座」「金《きん》（ゴールド）」「ダイヤモンド」を活用する。

まず、現物資産である金《きん》とダイヤモンドについては、全資産の一〇％程度を上限に保有する。総資産が一五〇〇万円であれば、一五〇万円を上限にする、といった具合だ。ダイヤモンドについては、一カラットが一〇〇万円前後なので一つ持てばまずは十分だろう。ただ、出物《でもの》があって予算に収まりそうなら、二つ持っておくのも手だ。ゆくゆく配偶者や子供などへ贈与する場合にも、非課税枠を活用できるのでちょうどよい。

金《きん》も同様で、一五〇万円程度を小口で保有するとよいだろう。本項を執筆している二〇二一年八月末時点では、金《きん》価格は一グラム当たり七〇〇〇円程度であるから、大体二〇〇グラム程度となる。たとえば、一〇〇グラムバーを一本とサイズの異なる金貨を数枚保有するなど、小口で売却したりできるように分けて保有するのが適切だ。購入場所は信頼がおける取り扱い店ならどこでもよいが、購入時の証書類はしっかりと保管しておくことを強く勧める。この証書類がないがために、売却時に引き取りを拒否されたり、余計な手数料を取られたりというトラブルが起きやすくなるためだ。また、銘柄については名の通った地金商の刻印のものを選んだ方がよりよいが、そこまでこだわる必要はない。それよりも、証書類が揃っていることの方がはるかに重要である。

そして海外口座だが、理想的な条件は二〇九ページの図の通りだ。

①と②については前述した通りで、逆にこの要件を満たさない銀行は保有しても対策の用をなさない。

③については、総資産額が大きく海外口座に多額のお金を預けられる場合にはそれほど考慮しなくてもよいだろう。ただ、前述したポートフォリオの場合、海外ファンドや株式投資、金《きん》、ダイヤモンドに資産を振り向けると、口座に入れられる額は多くても二〇〇〜三〇〇〇万円程度となる。そのため、最低預入額が数百万〜数千万円という銀行は条件から外さなければならない。

④については、先進国の海外口座はほとんどが対応しているため心配はないだろう。もし機能の有無が選択できる場合、必ず「有り」を選択することだ。

海外口座の条件

① 財政・政治が健全な国で、優良な経営状態の銀行であること

② 日本語対応があること

③ 最低預入額などの条件が低いこと

④ デビットカード機能がついていること

⑤ 渡航がしやすく、イザというとき対応しやすいこと

⑥ トラブルの際など、専門家に相談できること

⑤については、日本に近い国や直行便があるなどアクセスがよいことが要件だが、これは絶対視する必要はない。あくまでも「より望ましい」という程度に認識すればよいだろう。

⑥については、⑤の条件が厳しい（そう簡単に渡航対応できない）場合には、ぜひとも確保しておきたい点だ。ただ、海外口座に詳しい専門家や窓口を見付けたとしても、そこがすべての海外口座を相談対象としているとは限らない。そこで、特にこれから口座を開設しようとする場合には、詳しく助言を受けられる専門家や窓口を事前に探しておくことが重要だ。

私は長年、海外の活用による国家破産対策、資産防衛法を研究しており、海外口座についても様々な国の銀行を見てきた。海外口座は世界に数あるが、その中でもこれらの条件に合致し、資産防衛に活用できる銀行は、今のところ三ヵ国の四銀行に絞られると見ている。

少しだけ紹介しよう。一つ目はニュージーランドだ。財政・政治が良好な国で、最低預入額が小さく金利がほかの先進国に比べて高めな点が魅力である。

ただ、渡航には直行便で一二時間程度かかる点は注意だろう。その他の要件はもちろんクリアしている。

二つ目はシンガポールだ。こちらも財政・政治が良好で、さらに渡航は比較的容易（直行便で七時間程度）な点がメリットだ。また、アメリカや香港などの証券取引所にも投資が可能となる点も大きい。しかしながら、最低預入額が大きいため、資産家や富裕層向きの銀行と言える。

そして三つ目はアメリカ・ハワイの銀行だ。覇権国の安心感は大きく、また銀行の経営状況も良好、最低預入額は一万円程度からと低い。渡航時間は八～九時間とシンガポールより長いが、直行便が数多く就航しているためアクセスは非常に良い。今、最も好条件な海外口座と言えるだろう。

ここで言及した銀行は、いずれも「ロイヤル資産クラブ」「自分年金クラブ」で情報提供、助言を行なっているもので、⑥の要件も満たしている。これから海外口座の保有を検討される方は、ぜひとも両クラブの活用をご検討いただくことをお勧めする。

さて、このポートフォリオが将来どのような結果となるのか、少し想像を巡らせてみよう。運用がすべてのカテゴリで狙い通りに行った場合、一〇年後には二一三ページの図くらいの結果を出したとしてもまったく不思議ではない。

あくまで試算だが、資産をざっと五倍強にまで殖やすことは十分視野に入るだろう。たとえば、すべて順調とは行かず、仮に第一カテゴリが低調で資産増大がほとんど上手く行かなかったとしても、四五〇〇万円程度にはなる計算だ。手持ちの資産を三倍にまで増大できるなら、老後資金枯渇時代にも何とか対抗できるのではないだろうか。

作戦は、実行してこそ価値を生む！

大インフレ、そして国家破産という、あなたの資産が目減りする危険が次々と到来する「老後資金枯渇時代」にいかに対抗するのか。本章ではその実践的・現実的な方策を見てきた。今は標準的な資産を持っている方でも、これか

うまく行った場合の10年後の資産状況

第1カテゴリ

10年で10倍程度に資産増大

400万円 ⟶ 4000万円

第2カテゴリ

10年でファンドの運用で約2倍、さらに
円安進行で200円／ドルに（合算して4倍）

800万円 ⟶ 3200万円

第3カテゴリ

インフレにより物価は2倍に、さらに
円安進行で200円／ドルに（合算して4倍）

金 100万円➡450万円

注）金価格は基本米ドル建て、かつインフレの影響を受けやすいため、3倍程度の上昇を想定

ダイヤ 100万円➡150万円

注）ダイヤは金ほどにインフレ、円安の恩恵を受けないことを想定

海外口座 100万円➡200万円

注）外貨預金のため為替のみ影響

総額 1500万円➡8000万円

らの激動期には大きく資産を減らし、貧困者に転落するリスクは増大する。

そんな中で今から手を打ち、資産を三倍、いや五倍にまで殖やして「有備無患」の境地に立つのか。はたまた無為無策のまま悲観すべき将来にたどり着くのか。今、まさに私たちはその分かれ目に立っているのだ。

その答えは、すでに本章冒頭でお話しした通りだ。「思則有備」、すなわち将来を慮《おもんぱか》るならすぐさま備えを始めるのだ。本書を閉じたその次の瞬間から、ぜひ真剣に取りかかっていただきたい。

対策を進めて行けば、その重要性をより深く理解するようになるだろう。あるいは、「より具体的に進めたいがどうしてよいかわからない」という局面に出くわすかもしれない。しかし、心配にはおよばない。そういう方は、ぜひ私が主宰するクラブに相談していただきたい。

本書を手に取った皆さんが、「思則有備」を完遂し、「有備無患」の晴れやかな境地に至って、たくましくこれからの時代を生き抜くことを祈ってやまない。

エピローグ

インフレと国家破産があなたの生活を破壊する前に

誰もが夢見る「豊かで幸せな老後」……。それが無残にも破壊されそうなのだ。バブル崩壊後三〇年の間に景気対策、人気取り政策、新型コロナ対策として、膨大なばら撒きが延々と行なわれてきた。その結果、とんでもない額の借金だけが残ってしまった。その責任を誰も取らないまま、そして今後何が起こるかも深く考えもしないまま、ここまできてしまった。

そして、すべての尻拭いは日銀がやることになった。特に、アベノミクスにおいては国債だけでなく、株(ETFという形)、不動産(REITという形)まで日銀に買わせ、何とか穴埋めしてきた。

しかし、それももはや限界だ。日本国政府は世界最悪、最大の借金大国となり、少子高齢化は止まらない。そんな折も折、世界中の政府と中央銀行が新型コロナウイルス対策のために膨大なマネーをばら撒いた。その結果、インフレが迫ってきている。そうなったら、お終いだ。金利が上昇し、日本国は一挙に破綻する。その時、あなたの老後も消滅する。

ならば、備えよう。手を打とう。しかも、他人よりひと足早く。本書は、そのための指南書である。あとはあなた次第だ。いくら知識を身に付けても、実行しないのでは何の意味もない。論より証拠、知識より実行だ。きちっとした手を打たれて、皆さんの老後資金が大きく殖え、そして素晴らしい老後を送られることを祈ってペンを置きたい。

二〇二一年一〇月吉日

浅井　隆

■今後、『2022年インフレ襲来』『200万円を5年で50億円にする方法』『コロナ後の資産運用』（すべて仮題）を順次出版予定です。ご期待下さい。

浅井隆からの重要なお知らせ
――恐慌および国家破産を勝ち残るための具体的ノウハウ

厳しい時代を賢く生き残るために必要な情報収集手段

私が以前から警告していた通り、いまや世界は歴史上最大最悪の約三京円という額の借金を抱え、それが新型コロナウイルスをきっかけとして二、三年以内に大逆回転しそうな情勢です。中でも日本国政府の借金は先進国中最悪で、この国はいつ破産してもおかしくない状況です。そんな中、あなたと家族の生活を守るためには、二つの情報収集が欠かせません。

一つは「国内外の経済情勢」に関する情報収集、もう一つは国家破産対策としての「海外ファンド」や「海外の銀行口座」に関する情報収集です。これらについては、新聞やテレビなどのメディアやインターネットでの情報収集だけでは十分とは言えません。私はかつて新聞社に勤務し、以前はテレビに出演をしたこともありますが、その経験から言えることは「新聞は参考情報。テレビはあくまでショー（エンターテインメント）」だということです。インターネットも含め、誰もが簡単に入手できる情報でこれからの激動の時代を生き残って行くことはできません。

皆さんにとって、最も大切なこの二つの情報収集には、第二海援隊グループ（代表：浅井隆）が提供する特殊な情報と具体的なノウハウをぜひご活用下さい。

◆〝恐慌および国家破産対策〟の入口「経済トレンドレポート」

電子版も好評配信中！

皆さんに特にお勧めしたいのが、浅井隆が取材した特殊な情報をいち早くお届けする「経済トレンドレポート」です。今まで、数多くの経済予測を的中させてきました（例：二〇一九年七月一〇日号「恐慌警報第１弾！　次にやってくる危機は、リーマン・ショック以上の大災害の可能性」、二〇二〇年二月二〇日号「恐慌警報第8弾！　やはり２０２０年はとんでもない年になる!?」）。

　そうした特別な経済情報を年三三回（一〇日に一回）発行のレポートでお届けします。初心者や経済情報に慣れていない方にも読みやすい内容で、新聞やインターネットに先立つ情報や、大手マスコミとは異なる切り口からまとめた情報を掲載しています。

　さらにその中で、恐慌、国家破産に関する『特別緊急警告』『恐慌警報』『国家破産警報』も流しております。「激動の二一世紀を生き残るために対策をしなければならないことは理解したが、何から手を付ければよいかわからない」「経済情報をタイムリーに得たいが、難しい内容にはついて行けない」という方は、最低でもこの経済トレンドレポートをご購読下さい。年間、約三万円で生き残るための情報を得られます。また、経済トレンドレポートの会員になられますと、当社主催の講演会など様々な割引・特典を受けられます。
■詳しいお問い合わせ先は、㈱第二海援隊まで。

TEL：〇三（三二九一）六一〇六　FAX：〇三（三二九一）六九〇〇
Eメール：info@dainikaientai.co.jp
ホームページアドレス：http://www.dainikaientai.co.jp/

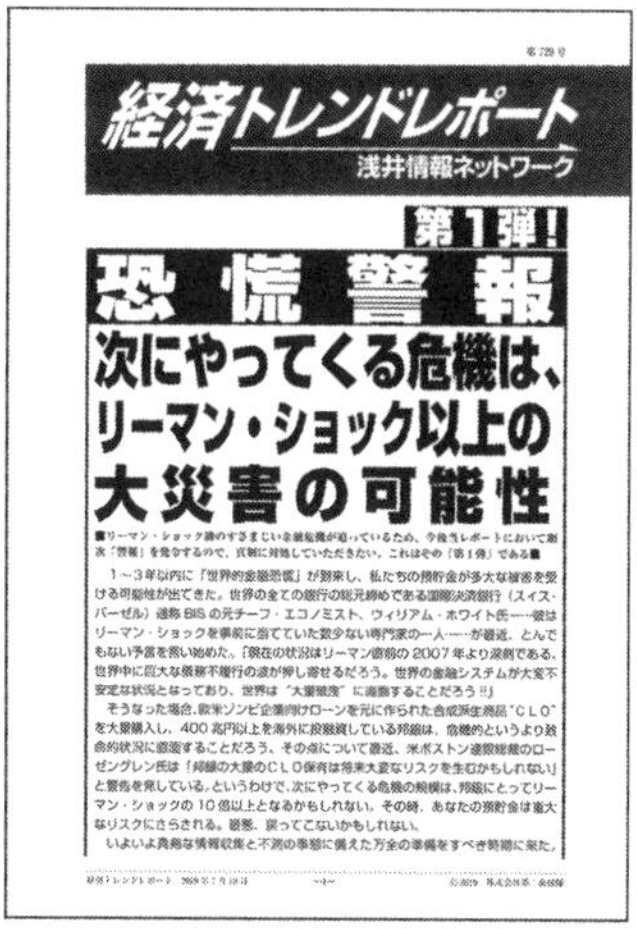
第728号

経済トレンドレポート
浅井情報ネットワーク

第1弾！
恐慌警報
次にやってくる危機は、リーマン・ショック以上の大災害の可能性

■リーマン・ショック時のすさまじい金融危機が迫っているため、今後当レポートにおいて順次「警報」を発令するので、真剣に対処していただきたい。これはその「第1弾」である■

1〜3年以内に「世界的金融恐慌」が到来し、私たちの預貯金が多大な被害を受ける可能性が出てきた。世界の全ての銀行の総元締めである国際決済銀行（スイス・バーゼル）通称BISの元チーフ・エコノミスト、ウィリアム・ホワイト氏――彼はリーマン・ショックを事前に当てていた数少ない専門家の一人――が最近、とんでもない予言を言い始めた。「現在の状況はリーマン直前の2007年より深刻である。世界中に巨大な債務不履行の波が押し寄せるだろう。世界の金融システムが大変不安定な状況となっており、世界は"大変緊迫"に直面することだろう!!」

そうなった場合、欧米ゾンビ企業向けローンを元に作られた合成派生商品"CLO"を大量購入し、400兆円以上を海外に投融資している邦銀は、危機的というより致命的状況に直面することだろう。その点について最近、米ボストン連銀総裁のローゼングレン氏は「邦銀の大量のCLO保有は将来大変なリスクを生むかもしれない」と警告を発している。というわけで、次にやってくる危機の規模は、邦銀にとってリーマン・ショックの10倍以上となるかもしれない。その時、あなたの預貯金は重大なリスクにさらされる。最悪、戻ってこないかもしれない。

いよいよ真剣な情報収集と不測の事態に備えた万全の準備をすべき時期に来た。

2019年7月10日号

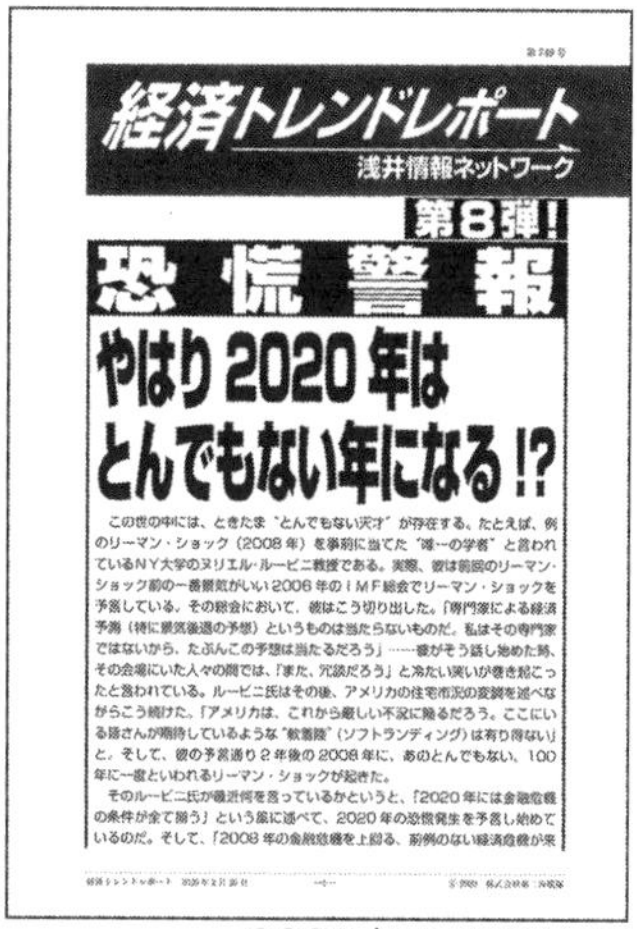
第749号

経済トレンドレポート
浅井情報ネットワーク

第8弾！
恐慌警報
やはり2020年はとんでもない年になる!?

この世の中には、ときたま"とんでもない天才"が存在する。たとえば、例のリーマン・ショック（2008年）を事前に当てた"唯一の学者"と言われているNY大学のヌリエル・ルービニ教授である。実際、彼は前回のリーマン・ショック前の一番景気がいい2006年のIMF総会でリーマン・ショックを予言している。その総会において、彼はこう切り出した。「専門家による経済予測（特に景気後退の予想）というものは当たらないものだ。私はその専門家ではないから、たぶんこの予想は当たるだろう」……彼がそう話し始めた時、その会場にいた人々の間では、「また、冗談だろう」と冷たい笑いが巻き起こったと言われている。ルービニ氏はその後、アメリカの住宅市況の変調を述べながらこう続けた。「アメリカは、これから厳しい不況に陥るだろう。ここにいる皆さんが期待しているような"軟着陸"（ソフトランディング）は有り得ない」と。そして、彼の予言通り2年後の2008年に、あのとんでもない、100年に一度といわれるリーマン・ショックが起きた。

そのルービニ氏が最近何を言っているかというと、「2020年には金融危機の条件が全て揃う」という風に述べて、2020年の恐慌発生を予言し始めているのだ。そして、「2008年の金融危機を上回る、前例のない経済危機が来

2020年2月20日号

今回のコロナ恐慌を当てていた、非常に価値のあるレポート。これだけは最低限お読みいただきたい。

恐慌・国家破産への実践的な対策を伝授する会員制クラブ

◆「自分年金クラブ」「ロイヤル資産クラブ」「プラチナクラブ」

国家破産対策を本格的に実践したい方にぜひお勧めしたいのが、第二海援隊

の一〇〇％子会社「株式会社日本インベストメント・リサーチ」（関東財務局長（金商）第九二六号）が運営する三つの会員制クラブ（**「自分年金クラブ」「ロイヤル資産クラブ」「プラチナクラブ」**）です。

まず、この三つのクラブについて簡単にご紹介しましょう。**「自分年金クラブ」**は資産一〇〇〇万円未満の方向け、**「ロイヤル資産クラブ」**は資産一〇〇〇万～数千万円程度の方向け、そして最高峰の**「プラチナクラブ」**は資産一億円以上の方向け（ご入会条件は資産五〇〇〇万円以上）で、それぞれの資産規模に応じた魅力的な海外ファンドの銘柄情報や、国内外の金融機関の活用法に関する情報を提供しています。

恐慌・国家破産は、なんと言っても海外ファンドや海外口座といった「海外の活用」が極めて有効な対策となります。特に海外ファンドについては、私たちは早くからその有効性に注目し、二〇年以上にわたって世界中の銘柄を調査してまいりました。本物の実力を持つ海外ファンドの中には、恐慌や国家破産といった有事に実力を発揮するのみならず、平時には資産運用としても魅力的なパフォーマンスを示すものがあります。こうした情報を厳選してお届けするのが、三つの会員制クラブの最大の特長です。

その一例をご紹介しましょう。三クラブ共通で情報提供する「ATファンド」は、先進国が軒並みゼロ金利というこのご時世にあって、年率五~七%程度の収益を安定的に挙げています。これは、たとえば三〇〇万円を預けると毎年約二〇万円の収益を複利で得られ、およそ一〇年で資産が二倍になる計算となります。しかもこのファンドは、二〇一四年の運用開始から一度もマイナスを計上したことがないという、極めて優秀な運用実績を残しています。日本国内の投資信託などではとても信じられない数字ですが、世界中を見渡せばこうした優れた銘柄はまだまだあるのです。

冒頭にご紹介した三つのクラブでは、「ATファンド」をはじめとしてより高い収益力が期待できる銘柄や、恐慌などの有事により強い力を期待できる銘柄など、様々な魅力を持ったファンド情報をお届けしています。なお、資産規模が大きいクラブほど、取り扱い銘柄数も多くなっております。

また、ファンドだけでなく金融機関選びも極めて重要です。単に有事にも耐え得る高い信頼性というだけでなく、各種手数料の優遇や有利な金利が設定されている、日本にいながらにして海外の市場と取り引きができるなど、金融機関も様々な特長を持っています。こうした中から、各クラブでは資産規模に適した、魅力的な条件を持つ国内外の金融機関に関する情報を提供し、またその活用方法についてもアドバイスしています。

その他、国内外の金融ルールや国内税制などに関する情報など資産防衛に有用な様々な情報を発信、会員の皆さんの資産に関するご相談にもお応えしております。浅井隆が長年研究・実践してきた国家破産対策のノウハウを、ぜひあなたの大切な資産防衛にお役立て下さい。

■詳しいお問い合わせは「㈱日本インベストメント・リサーチ」まで。
TEL：〇三（三二九一）七二九一　FAX：〇三（三二九一）七二九二
Eメール：info@nihoninvest.co.jp

株で資産を作れる時代がやってきた！〝四つの株投資クラブ〟のご案内

一、「㊙株情報クラブ」

「㊙株情報クラブ」は、普通なかなか入手困難な日経平均の大きなトレンド、現物個別銘柄についての特殊な情報を少人数限定の会員制で提供するものです。しかも、「ゴールド」と「シルバー」の二つの会があります。目標は、提供した情報の八割が予想通りの結果を生み、会員の皆さんの資産が中長期的に大きく殖えることです。そのために、日経平均については著名な「カギ足」アナリストの川上明氏が開発した「T1システム」による情報提供を行ないます。川上氏はこれまでも多くの日経平均の大転換を当てていますので、これからも当クラブに入会された方の大きな力になると思います。

また、その他の現物株（個別銘柄）については短期と中長期の二種類に分けて情報提供を行ないます。短期については川上明氏開発の「T14」「T16」という二つのシステムにより日本の上場銘柄をすべて追跡・監視し、特殊な買いサインが出ると即買いの情報を提供いたします。そして、買った値段から一〇％上昇したら即売却していただき、利益を確定します。この「T14」「T16」は、これまでのところ当たった実績が九八％という驚異的なものとなっております（二〇一五年一月～二〇二〇年六月におけるシミュレーション）。

さらに中長期的銘柄としては、浅井の特殊な人脈数人および第二海援隊の一〇〇％子会社である㈱日本インベストメント・リサーチの専任スタッフが選び抜いた日・米・中三ヵ国の成長銘柄を情報提供いたします。特に、スイス在住の市場分析・研究家、吉田耕太郎氏の銘柄選びには定評があります。参考までに、吉田氏が選んだ三つの過去の銘柄の実績を上げておきます。

まず一番目は、二〇一三年に吉田氏が推奨した「フェイスブック」。当時二七ドルでしたが、それが最近三〇〇ドル超になっています。つまり、七～八年で一〇倍というすさまじい成績を残しています。二番目の銘柄としては、「エヌビディア」です。こちらは二〇一七年、一〇〇ドルの時に推奨し、現在六〇〇ドル超となっていますので、四年で六倍以上です。さらに三番目の銘柄の「アマゾン」ですが、二〇一六年、七〇〇ドルの時に推奨し、現在三二〇〇ドル超です。こちらは五年で四・五倍です。こういった銘柄を中長期的に持つということは、皆さんの財産形成において大きく資産を殖やせるものと思われます。

そこで、「ゴールド」と「シルバー」の違いを説明いたしますと、「ゴールド」は小さな銘柄も含めて年四~八銘柄を皆さんに推奨する予定です。これはあくまでも目標で年平均なので、多い年と少ない年があるのはご了承下さい。「シルバー」に関しては、小さな銘柄（売買が少なかったり、上場されてはいるが出来高が非常に少ないだけではなく時価総額も少なくてちょっとしたお金でも株価が大きく動く銘柄）は情報提供をいたしません。これは、情報提供をするとそれだけで上がる危険性があるためです（「ゴールド」は人数が少ないので小さな銘柄も情報提供いたします）。そのため、「シルバー」の推奨銘柄は年三~六銘柄と少なくなっております。

「ゴールド」はまさに少人数限定二〇名のみ、「シルバー」も六〇名限定となっております。「シルバー」は二次募集をする可能性もあります。

クラブは二〇二一年六月よりサービスを開始しており、すでに会員の皆さんへ有用な情報をお届けしております。

なお、二〇二一年六月二六日に無料説明会（「㊙株情報クラブ」「ボロ株クラブ」合同）を第二海援隊隣接セミナールームにて開催いたしました。その時のCDを二〇〇〇円（送料込み）にてお送りしますのでお問い合わせ下さい。

皆さんの資産を大きく殖やすという目的のこの二つのクラブは、皆さんに大変有益な情報提供ができると確信しております。奮ってご参加下さい。

■お問い合わせ先：㈱日本インベストメント・リサーチ「㊙株情報クラブ」まで。
TEL：〇三（三二九一）七二九一　FAX：〇三（三二九一）七二九二
Eメール：info@nihoninvest.co.jp

二、「ボロ株クラブ」

ご存じのように、新型コロナウイルス蔓延による実体経済の落ち込みとは裏腹に、世界中で株高となっております。アメリカ、ドイツ、韓国、台湾、インドなどの株式市場では、二〇二〇年三月のコロナショック以降に史上最高値の更新が相次ぎました。こうした現象は、全世界で二〇兆ドル以上ともされる刺激策に裏打ちされていると言ってよいでしょう。

コロナショック以降の株高により、世界中で前代未聞とも言える個人投資家の株ブームが巻き起こっています。背景には、「将来への不安」「現金からの逃避」（インフレ対策）といった事情があると報じられています。二〇二〇年に世界のM2（現金や預金に代表される広範なマネーサプライの指標）は、過去一五〇年で最大の増加を示したという分析がなされています。第二次世界大戦後の刺激策よりも多くのお金が氾濫していると言ってよいでしょう。

こうした事情により、昨今の株ブームは一過性のものではない（想像しているより長期化する可能性が高い）と第二海援隊グループでは見ています。そこで読者の皆さんにおかれましても従来の海外ファンドに加えて株でも資産形成をしていただきたく思い、「㊙株情報クラブ」に加えてもう一つ株に特化した情報サービス（会員制クラブ）を創設することになりました。

その一つが、「ボロ株クラブ」です。「ボロ株」とは、主に株価が一〇〇円以下の銘柄を指します。何らかの理由で売り叩かれ、投資家から相手にされなくなった〝わけアリ〟の銘柄もたくさんあり、証券会社の営業マンがお勧めすることもありませんが、私たちはそこにこそ収益機会があると確信しています。

現在、〝上がっている株〟と聞くと多くの方は成長の著しいアメリカのＩＣＴ（情報通信技術）関連の銘柄を思い浮かべるのではないでしょうか。事実として、アップルやＦＡＮＧ（フェイスブック、アマゾン、ネットフリックス、グーグル）、さらには大手ＥＶメーカーのテスラといったＩＣＴ銘柄の騰勢は目を見張るほどです。しかし、こうした銘柄はすでに高値になっているとも考えられ、ここから上値を追いかけるにはよほどの〝腕〟が求められることでしょう。

「人の行く裏に道あり花の山」という相場の格言があります。「人はとかく群集心理で動きがちだ。いわゆる付和雷同である。ところが、それでは大きな成功は得られない。むしろ他人とは反対のことをやった方が、上手く行く場合が多い」とこの格言は説いています。

すなわち、私たちは半ば見捨てられた銘柄にこそ大きなチャンスが眠っていると考えています。実際、「ボロ株」はしばしば大化けします。事実として先に開設されている「日米成長株投資クラブ」で情報提供した低位株（「ボロ株」を含む株価五〇〇円以下の銘柄）は二〇一九〜二〇年に多くの実績を残しました。

ブルームバーグは二〇二一年初頭に、「日本の小型株が世界の株高の波に乗れていない」と報じています。すでに世界では誰もが知るような大型株（値嵩株）からニッチな小型株に投資家の資金がシフトしていますが、日本の小型株は取り残されているというわけです。日本の小型株が出遅れているということはある意味で絶好のチャンスだと言えます。いずれ日本の小型株にも資金ローテーションの順番がくるという前提に立てば、今こそ仕込み時なわけです。

もちろん、やみくもに「ボロ株」を推奨して行くということではありません。弊社が懇意にしている「カギ足」アナリスト川上明氏の分析を中心に、さらには同氏が開発した自動売買判断システム「ＫＡＩ―解―」からの情報も取り入れ、短中長期すべてをカバーしたお勧めの取り引き（銘柄）をご紹介します。

構想から開発までに十数年を要した「ＫＡＩ」には、すでに多くの判断システムが組み込まれていますが、「ボロ株クラブ」ではその中から「Ｔ８」というシステムによる情報を取り入れています。Ｔ８の戦略を端的に説明しますと、「ある銘柄が急騰し、その後に反落、そしてさらにその後のリバウンド（反騰）を狙う」となります。

川上氏のより具体的な説明を加えましょう――「ある銘柄が急騰すると、利益確定に押され急落する局面が往々にしてあるが、出遅れ組の押し目が入りやすい。すなわち、急騰から反落の際には一度目の急騰の際に買い逃した投資家の買いが入りやすい」。過去の傾向からしても、およそ七割の確率でさらなるリバウンドが期待できるとのことです。そして、リバウンド相場は早く動くことが多いため、投資効率が良くデイトレーダーなどの個人投資家にとってはうって付けの戦略と言えます。川上氏は、生え抜きのエンジニアと一緒に一九九〇～二〇一四年末までのデータを使ってパラメータ（変数）を決定し、二〇一五年一月四日～二〇二〇年五月二〇日までの期間で模擬売買しています。すると、勝率八割以上という成績になりました。一銘柄ごとの平均リターンは約五％強ですが、「ボロ株クラブ」では、「T８」の判断を基に複数の銘柄を取り引きすることで目標年率二〇％以上を目指します。

さらには、「P１」という判断システムも使います。これは、ある銘柄が「ボロ株」（一〇〇円未満）に転落した際、そこから再び一〇〇円以上に戻る確率が高いであろうという想定に基づき開発されたシステムです。勝率九割以上ととても魅力的です。

これら情報を複合的に活用することで、年率四〇％も可能だと考えています。年会費も第二海援隊グループの会員の皆さんにはそれぞれ割引サービスをご用意しております。詳しくは、お問い合わせ下さい。また、「ボロ株」の「時価総額や出来高が少ない」という性質上、無制限に会員様を募ることができません。一〇〇名を募集上限（第一次募集）とします。

■お問い合わせ先：㈱日本インベストメント・リサーチ「ボロ株クラブ」まで。

TEL：〇三（三二九一）七二九一　FAX：〇三（三二九一）七二九二
Eメール：info@nihoninvest.co.jp

三、「日米成長株投資クラブ」

「コロナショック」とその後の世界各国の経済対策によって、世界の経済は「大インフレ時代」に向かいつつあります。それに先んじて、株式市場はすでに「コロナバブル」というよりも「株インフレ」と形容すべきトレンドに突入した感があります。こうした時代には、株式が持つ価格変動リスクよりも、株を持たないことによるインフレリスクにより警戒すべきです。

また、これから突入する「激動と混乱」の時代には、ピンチとチャンスが混然一体となってやってきます。多くの人たちにとって混乱とはピンチですが、「資産家は恐慌時に生まれる」という言葉がある通り、トレンドをしっかりと見極め、適切な投資を行なえば資産を増大させる絶好の機会ともなり得ます。

私は、そうした時代の到来に先んじて二〇一八年から「日米成長株投資クラブ」を立ち上げ、株式に関する情報提供、助言を行なってきました。クラブの狙いは、株式投資に特化しつつも経済トレンドの変化にも対応するという、ほかにはないユニークな情報を提供する点です。現代最高の投資家であるウォーレン・バフェット氏とジョージ・ソロス氏の投資哲学を参考として、割安な株、成長期待の高い株を見極め、じっくり保有するバフェット的発想と、経済トレンドを見据えた大局観の投資判断を行なって行くソロス的手法を両立することで、大激動を逆手に取り、「一〇年後に資産一〇倍」を目指します。

経済トレンド分析には、私が長年信頼するテクニカル分析の専門家、川上明氏による「カギ足分析」を主軸としつつ、長年多角的に経済トレンドの分析を行なってきた浅井隆の知見も融合して行きます。川上氏のチャート分析は極めて強力で、たとえば日経平均では二八年間で約七割の驚異的な勝率を叩き出しています。

また、個別銘柄については発足から二〇二一年三月までに延べ三〇銘柄程度を情報提供してきましたが、多くの銘柄で良好な成績を残し、会員の皆さんに収益機会となる情報をお届けすることができました。これらの銘柄の中には、低位小型株から比較的大型のものまで含まれており、中には短期的に連日ストップ高を記録し数倍に大化けしたものもあります。

会員の皆さんには、こうした情報を十分に活用していただき、当クラブにて大激動をチャンスに変えて大いに資産形成を成功させていただきたいと考えております。ぜひこの機会を逃さずにお問い合わせ下さい。サービス内容は以下の通りです。

1．浅井隆、川上明氏（テクニカル分析専門家）が厳選する国内の有望銘柄の情報提供
2．株価暴落の予兆を分析し、株式売却タイミングを速報
3．日経平均先物、国債先物、為替先物の売り転換、買い転換タイミングを速報
4．バフェット的発想による、日米の超有望成長株銘柄を情報提供

■詳しいお問い合わせ先：㈱日本インベストメント・リサーチ

TEL：〇三（三二九一）七二九一　FAX：〇三（三二九一）七二九二
Eメール：info@nihoninvest.co.jp

四、「オプション研究会」

「コロナ恐慌」の到来によって、世界はまったく新たな激動の局面に突入しました。この深刻な危機に対し、世界各国で「救済」という名のばら撒きが加速しています。しかしながら、これは「超巨大恐慌」という私たちの想像を絶する怪物を呼び寄せる撒き餌にほかなりません。この異形の怪物は、日頃は鳴りを潜めていますが、ひとたび登場すれば私たちの生活を完膚なきまでに破壊し、資産を根こそぎ奪い去るだけに留まりません。最終的には国家すら食い殺し、破綻させるほどに凶暴です。そして、次にこの怪物が登場した時、その犠牲の筆頭となる国は、天文学的な政府債務を有する日本になるでしょう。

このように、国家破産がいよいよ差し迫った危機になってくると、ただ座していているだけでは資産を守り、また殖やすことは極めて難しくなります。これからは様々な投資法や資産防衛法を理解し、必要に応じて実践できるかが生き残りのカギとなります。つまり、投資という武器を上手く使いこなすことこそが、激動の時代の「必須のスキル」となるのです。

しかし、考え方を変えれば、これほど変化に富んだ、そして一発逆転すら可能な時代もないかもしれません。必要なスキルを身に付け、この状況を果敢に乗りこなせば、大きなチャンスを手にすることもできるわけです。積極的に打って出るのか、はたまた不安と恐怖に駆られながら無為に過ごすのかは、「あなた次第」なのです。

現代は、実に様々な投資を誰でも比較的容易に実践することができます。しかしながら、それぞれの投資方法には固有の勘どころがあり、また魅力も異なります。戦国の世には様々な武器がありましたが、それらの武器にも勘どころや強みが異なっていたのとまさに同じというわけです。そして、これから到来する恐慌・国家破産時代において、最もその威力と輝きを増す「武器」こそが「オプション取引」というわけです。本書でも触れている「オプション取引」の魅力を今一度確認しておきましょう。

・非常に短期（数日～一週間程度）で数十倍～数百倍の利益を上げることも可能
・「買い建て」取り引きのみに限定すれば、損失は投資額に限定できる
・恐慌、国家破産などで市場が大荒れするほどに収益機会が広がる
・最低投資額は一〇〇〇〇円（取り引き手数料は別途）
・株やＦＸと異なり、注目すべき銘柄は基本的に「日経平均株価」の動きのみ
・給与や年金とは分離して課税される（税率約二〇％）

もちろん、いかに強力な「武器」でも、上手く使いこなすことが重要です。もしあなたが、これからの激動期に「オプション取引」で挑んでみたいとお考えであれば、第二海援隊グループがその習熟を「情報」と「助言」で強力に支援いたします。二〇一八年一〇月に発足した「オプション研究会」では、オプション取引はおろか株式投資などほかの投資経験もないという方にも、道具の揃え方から基本知識の伝授、投資の心構え、市況変化に対する考え方や収益機会の捉え方など、初歩的な事柄から実践に至るまで懇切丁寧に指導いたします。

これからの「恐慌経由、国家破産」というピンチをチャンスに変えようという意欲がある方のご入会を心よりお待ちしています。

■㈱日本インベストメント・リサーチ「オプション研究会」
担当 山内・稲垣・関 TEL：〇三（三二九一）七二九一
FAX：〇三（三二九一）七二九二 Eメール：info@nihoninvest.co.jp

◆「オプション取引」習熟への近道を知るための「セミナーDVD・CD」発売中

「オプション取引」の習熟を全面支援し、また取り引きに参考となる市況情報なども提供する「オプション研究会」。その概要を知ることができる「DVD／CD」を用意しています。

■「オプション研究会 無料説明会 受講DVD／CD」■
浅井隆自らがオプション投資の魅力と活用のポイントについて解説し、また専任スタッフによる「オプション研究会」の具体的内容を説明した「オプショ

ン研究会 無料説明会」（二〇一八年一二月一五日開催）の模様を収録したDVD／CDです。「浅井隆からのメッセージを直接聞いてみたい」「オプション研究会への理解を深めたい」という方は、ぜひご入手下さい。

「オプション研究会 無料説明会 受講DVD／CD」（約一六〇分）

価格 DVD 三〇〇〇円（送料込）／CD 二〇〇〇円（送料込）

※お申込み確認後約一〇日で代金引換にてお届けいたします。

■DVD／CDに関するお問い合わせは、

「㈱日本インベストメント・リサーチ オプション研究会担当」まで。

TEL：〇三（三二九一）七二九一 FAX：〇三（三二九一）七二九二

Eメール：info@nihoninvest.co.jp

他にも第二海援隊独自の〝特別情報〟をご提供

◆「ダイヤモンド投資情報センター」

現物資産を持つことで資産保全を考える場合、小さくて軽いダイヤモンドは持ち運びも簡単で、大変有効な手段と言えます。近代画壇の巨匠・藤田嗣治は第二次世界大戦後、混乱する世界を渡り歩く際、資産として持っていたダイヤモンドを絵の具のチューブに隠して持ち出し、渡航後の糧にしました。金《きん》（ゴールド）だけの資産防衛では不安という方は、ダイヤモンドを検討するのも一手でしょう。

しかし、ダイヤモンドの場合、金《きん》とは違って公的な市場が存在せず、専門の鑑定士がダイヤモンドの品質をそれぞれ一点ずつ評価して値段が決まるため、売り買いは金《きん》に比べるとかなり難しいという事情があります。そのため、信頼できる専門家や取り扱い店と巡り合えるかが、ダイヤモンドでの資産保全の成否の分かれ目です。

そこで、信頼できるルートを確保し業者間価格の数割引という価格での購入が可能で、ＧＩＡ（米国宝石学会）の鑑定書付きという海外に持ち運んでも適正価格での売却が可能な条件を備えたダイヤモンドの売買ができる情報を提供いたします。

■ご関心がある方は「ダイヤモンド投資情報センター」にお問い合わせ下さい。
㈱第二海援隊　TEL：〇三（三二九一）六一〇六　担当：大津

◆『浅井隆と行くニュージーランド視察ツアー』

南半球の小国でありながら独自の国家戦略を掲げる国、ニュージーランド。浅井隆が二〇年前から注目してきたこの国が今、「世界で最も安全な国」として世界中から脚光を浴びています。核や自然災害の脅威、資本主義の崩壊に備え、世界中の大富豪がニュージーランドに広大な土地を購入し、サバイバル施設を建設しています。さらに、財産の保全先（相続税、贈与税、キャピタルゲイン課税がありません）、移住先としてもこれ以上の国はないかもしれません。

そのニュージーランドを浅井隆と共に訪問する、「浅井隆と行くニュージーランド視察ツアー」を毎年一一月に開催しております（なお、二〇二一年一一月のニュージーランドツアーは新型コロナウイルスの影響により中止となりました）。現地では、浅井の経済最新情報レクチャーもございます。内容の充実した素晴らしいツアーです。ぜひ、ご参加下さい。
■㈱第二海援隊　TEL：〇三（三二九一）六一〇六　担当：大津

◆浅井隆のナマの声が聞ける講演会

著者・浅井隆の講演会を開催いたします。二〇二二年は東京・一月一五日（土）、大阪・四月一五日（金）、名古屋・四月二二日（金）、東京・五月二〇日（金）、札幌・六月三日（金）を予定しております。経済の最新情報をお伝えすると共に、生き残りの具体的な対策を詳しく、わかりやすく解説いたします。

活字では伝えることのできない肉声による貴重な情報にご期待下さい。

■詳しいお問い合わせ先は、㈱第二海援隊まで。

㈱第二海援隊
TEL：〇三（三二九一）六一〇六　FAX：〇三（三二九一）六九〇〇
Eメール：info@dainikaientai.co.jp

◆第二海援隊ホームページ

第二海援隊では様々な情報をインターネット上でも提供しております。詳しくは「第二海援隊ホームページ」をご覧下さい。私ども第二海援隊グループは、皆さんの大切な財産を経済変動や国家破産から守り殖やすためのあらゆる情報提供とお手伝いを全力で行ないます。

また、浅井隆によるコラム「天国と地獄」を一〇日に一回、更新中です。経済を中心に長期的な視野に立って浅井隆の海外をはじめ現地生取材の様子をレポートするなど、独自の視点からオリジナリティあふれる内容をお届けします。

■ホームページアドレス：http://www.dainikaientai.co.jp/

第二海援隊
HPはこちら

〈参考文献〉
【新聞・通信社】
『日本経済新聞』『産経新聞』『西日本新聞』『ブルームバーグ』『ロイター』

【書籍】
『安いニッポン「価格」が示す停滞』（中藤玲著　日本経済新聞出版社）

【拙著】
『瞬間30%の巨大インフレがもうすぐやってくる‼』（第二海援隊）
『恐慌からあなたの預金を守れ‼』（第二海援隊）
『年金ゼロでやる老後設計』（第二海援隊）
『巨大インフレと国家破産』（第二海援隊）

【論文】
『日本の財政が破綻すれば、週５万円しか引き出せない日々がずっと続く』
（河村小百合　日本総合研究所調査部主席研究員）
『韓国の経済成長——長期推移と国際比較』（金洛年）

【その他】
『ロイヤル資産クラブレポート』

【ホームページ】
フリー百科事典『ウィキペディア』
『衆議院』『参議院』『財務省』『厚生労働省』『金融庁』『日本年金機構』
『公益財団法人生命保険文化センター』『ダイヤモンドオンライン』
『東洋経済オンライン』『文春オンライン』『NEWS ポストセブン』
『大和総研』『平和政策研究所』『OECD』『ウィルオブ採用ジャーナル』
『グッドタイム マガジン』『シニアガイド』『社会実情データ図録』
『資産形成ゴールドオンライン』『レイ・ダリオ氏 Twitter（@RayDalio）』

〈著者略歴〉

浅井　隆　（あさい　たかし）

経済ジャーナリスト。1954年東京都生まれ。学生時代から経済・社会問題に強い関心を持ち、早稲田大学政治経済学部在学中に環境問題研究会などを主宰。一方で学習塾の経営を手がけ学生ビジネスとして成功を収めるが、思うところあり、一転、海外放浪の旅に出る。帰国後、同校を中退し毎日新聞社に入社。写真記者として世界を股にかける過酷な勤務をこなす傍ら、経済の猛勉強に励みつつ独自の取材、執筆活動を展開する。現代日本の問題点、矛盾点に鋭いメスを入れる斬新な切り口は多数の月刊誌などで高い評価を受け、特に1990年東京株式市場暴落のナゾに迫る取材では一大センセーションを巻き起こす。
その後、バブル崩壊後の超円高や平成不況の長期化、金融機関の破綻など数々の経済予測を的中させてベストセラーを多発し、1994年に独立。1996年、従来にないまったく新しい形態の21世紀型情報商社「第二海援隊」を設立し、以後約20年、その経営に携わる一方、精力的に執筆・講演活動を続ける。
主な著書:『大不況サバイバル読本』『日本発、世界大恐慌！』（徳間書店）『95年の衝撃』（総合法令出版）『勝ち組の経済学』（小学館文庫）『次にくる波』（PHP研究所）『Human Destiny』（『9・11と金融危機はなぜ起きたか!?〈上〉〈下〉』英訳）『いよいよ政府があなたの財産を奪いにやってくる!?』『世界中の大富豪はなぜＮＺに殺到するのか!?〈上〉〈下〉』『有事資産防衛　金か？　ダイヤか？』『徴兵・核武装論〈上〉〈下〉』『最後のバブルそして金融崩壊』『恐慌と国家破産を大チャンスに変える！』『国家破産ベネズエラ突撃取材』『都銀、ゆうちょ、農林中金まで危ない!?』『10万円を10年で10億円にする方法』『デイトレ・ポンちゃん』『コロナ大不況生き残りマニュアル』『コロナ恐慌で財産を10倍にする秘策』『巨大インフレと国家破産』『年金ゼロでやる老後設計』『ボロ株投資で年率40%も夢じゃない!!』『2030年までに日経平均10万円、そして大インフレ襲来!!』『あなたが知らない恐るべき再生医療』『コロナでついに国家破産』『瞬間30%の巨大インフレがもうすぐやってくる!!』（第二海援隊）など多数。

老後資金枯渇

2021年10月28日　初刷発行

著　者　浅井　隆
発行者　浅井　隆
発行所　株式会社　第二海援隊
〒101-0062
東京都千代田区神田駿河台２-５-１　住友不動産御茶ノ水ファーストビル８Ｆ
電話番号　03-3291-1821　　ＦＡＸ番号　03-3291-1820

印刷・製本／中央精版印刷株式会社

ISBN978-4-86335-218-6

Printed in Japan

第二海援隊発足にあたって

日本は今、重大な転換期にさしかかっています。にもかかわらず、私たちはこの極東の島国の上で独りよがりのパラダイムにどっぷり浸かって、まだ太平の世を謳歌しています。

しかし、世界はもう動き始めています。その意味で、現在の日本はあまりにも「幕末」に似ているのです。ただ、今の日本人には幕末の日本人と比べて、決定的に欠けているものがあります。それこそ、志と理念です。現在の日本は世界一の債権大国（＝金持ち国家）に登り詰めはしましたが、人間の志と資質という点では、貧弱な国家になりはててしまいました。それこそが、最大の危機といえるかもしれません。

そこで私は「二十一世紀の海援隊」の必要性を是非提唱したいのです。今日本に必要なのは、技術でも資本でもありません。志をもって大変革を遂げることのできる人物と、それを支える情報です。まさに、情報こそ〝力〟なのです。そこで私は本物の情報を発信するための「総合情報商社」および「出版社」こそ、今の日本に最も必要と気付き、自らそれを興そうと決心したのです。

しかし、私一人の力では微力です。是非皆様の力をお貸しいただき、二十一世紀の日本のために少しでも前進できますようご支援、ご協力をお願い申し上げる次第です。

浅井　隆